CONTEMPORARY ARTISTS
HANDBOOK

MANUAL
DE ARTISTAS CONTEMPORANEOS

RAFAEL VEGA JACOME

Contemporary Art

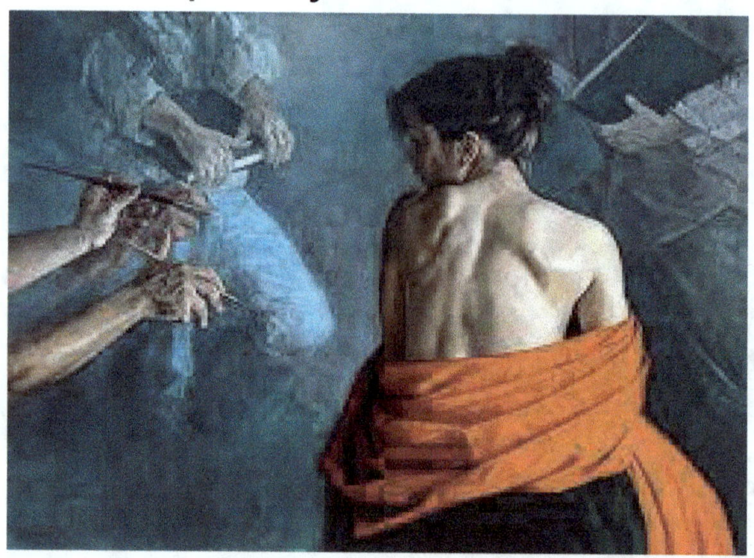

In contemporary art several aspects of artistic expression that emerged at the end of the Second World War, are incorporated, such as the Pop Art of Great Britain and the United States, of the sixties, characterized by the incorporation, as an aesthetic expression of the plastic, of images and objects of popular use, such as advertisements, comics, product brands or cinematographic videos that break with their closest bond, abstract expressionism, a non-figurative trend that departs from conventional art initiated in the early twentieth century.

On contemporary art there are numerous theories raised in its years of existence, with approaches difficult to define by the themes that have been incorporated into it, such as social commitment, which distances them from the artists of the past who created their themes inspired in religious or mythological matters. It was an art more contemplative than committed to its surroundings.

"Contemporary art is usually multifaceted and capable of reflecting popular, technological situations and also tends to question the supposed values of society." Contemporary art, in addition to its beauty, proposes an art also with concepts, the conceptual, which is superimposed on art seen as a simple commodity. The currents of contemporary art that shared these new approaches to art were: Cubism, Dadaism, Fauvism, Constructivism, Neoplasticism, Expressionism, Surrealism, Futurism, called by some as dynamic cubism; and Minimalism.

In this manual we have included only some contemporary artists and for those who wish to appear in our next editions, we ask you to contact us.

Arte Contemporáneo

En el arte contemporáneo se incorporan varias vertientes de expresión artísticas que emergen a finales de la Segunda Guerra Mundial, como el Pop Art de Gran Bretaña y de los Estados Unidos de la década del sesenta, caracterizado por la incorporación, como expresión estética la plástica, de imágenes y objetos de uso popular, tales como anuncios publicitarios, cómics, marcas de productos o videos cinematográficos que rompen con su atadura más próxima, el expresionismo abstracto, una tendencia no figurativa que se aparta del arte convencional iniciado a principios del siglo XX.

Sobre el arte contemporáneo hay numerosas teorías planteadas en sus años de existencia, con planteamientos difíciles de definir por los temas que se le han incorporado, como el compromiso social, que los aleja de los artistas del pasado que creaban sus temas en asuntos religiosos o mitológicos. Era un arte más contemplativo que comprometido con su entorno. "El arte contemporáneo suele ser multifacético y capaz de reflejar situaciones populares, tecnológicas e igualmente suele cuestionar los supuestos valores de la sociedad". El arte contemporáneo además de su belleza, plantea un arte también con conceptos, el conceptual, que se sobrepone sobre el arte visto como una simple mercancía. Las corrientes de arte contemporáneo que compartieron la estos nuevos planteamientos del arte fueron: el Cubismo, el Dadaísmo, el Fauvismo, el Constructivismo, el Neoplasticismo, el Expresionismo, el Surrealismo, el y el Minimalismo. En este manual hemos incluido solo algunos artistas contemporáneos y para quienes desée aparecer en nuestras próximas ediciones, les solicitamos ponerse en contacto con nosotros.

Patricia Franco Gomez

Nature and women: synonymous with creation.

By Abdon J Romero

Patricia is an artist, wife of an artist, mother of an artist; she started painting some time ago. Not unexpectedly, because I am convinced that she has always been able to do it, the proof of this is in her paintings and her drawings. The determination, or confirmation of "being" is present in each of her works. Her themes are a manifestation of life, family, order and an uncompromising desire to perfect her expressive abilities.

For Patricia, serenity is also an expressive element. Her still lifes exhibit this quality. that it is not free and that it is almost always accompanied by intimacy. These themes, thanks to the successful composition are my favorites. Nor are they exempt from drama, another element that reaches a special dimension thanks to the careful representation of textures. Realistic, but not photographic, and in my opinion better paintings, precisely for this reason.

The figure and the portrait are also the object of special attention in her work. Truly interesting because they are paintings related to her family; expressive and serene. In some experimental cases; like a portrait of her husband Chenco posing through glass in the trompe'loil tradition. Patricia's color is descriptive but strong in contrast, her values are very tight, this characteristic gives weight and density to her subjects.

Patricia's paintings are the manifestation of her existence, of what has been lived and what is known, profoundly honest, they are the confirmation of what has been lived and loved, humanity and nature seen through the memory of her existence. Perhaps this is the best justification for it, because in the end nothing is as it is, but as it is remembered. tricia es una artista, esposa de artista, madre de artista; comenzó hace algún tiempo a pintar. No inesperadamente, porque

Las pinturas de Patricia Franco

La naturaleza y la mujer son sinónimos de creación.
Por tanto nada resulta más natural para ellas que concebir vida, y arte.

Por Abdon J Romero

estoy convencido de que desde siempre pudo hacerlo, la prueba de esto está en sus cuadros y en sus dibujos. La determinación , o la confirmación de "ser" está presente en cada uno de sus trabajos. Sus temas son manifestación de vida, familia, orden y un afán inflexible de perfeccionar sus capacidades expresivas.

Para Patricia la serenidad es también un elemento expresivo. Sus bodegones exhiben esta cualidad. que no es gratuita y que esta casi siempre acompañada de intimidad. Estos temas, gracias a la acertada composición son mis favoritos. Tampoco están extentos de drama, otro elemento que alcanza una dimensión especial gracias a la cuidada representación de las texturas. Realistas, mas no fotográficas, y a mi parecer mejores pinturas, precisamente por esta razón.
La figura y el retrato también son objeto de especial atención dentro de su trabajo. Verdaderamente interesantes por tratarse de pinturas relacionadas con su familia; expresivas y serenas. En algunos casos experimentales; como un retrato de su esposo Chenco que posa através de un cristal en la tradición del trompe'loil. El color de Patricia es descriptivo pero fuerte de contraste, los valores son muy ajustados esta característica les da peso y densidad a sus sujetos.
Las pinturas de Patricia son la manifestación de su existencia, de lo vivido de lo conocido, profundamente honestas, son la confirmación de lo vivido y lo querido, humanidad y naturaleza vista a través del recuerdo de su existencia. Tal vez sea esta su mejor justificación, pues al final nada es como es, sino como se recuerda.

Patricia Gómez

Chenco (Simón Gómez Ruiz)

Cartagena, Colombia. 1943. Writer and critic Eduardo Márceles Daconte wrote about him: "His work irradiates a refreshing energy that emanates from these arbitrary drawings, the result of an attitude willing to follow the urges of intuition or the wild abandon of the unconscious." However, this inclination to give absolute freedom to the immediacy of intuition is usually based on specific personal experiences, on fictional or historical tales, on current news or on personal observations regarding everyday life that work as springs from which the complex structure of the work is built. We are not dealing with works with literary ambitions or with graphic chronicles of an era; they are instead systematic glimmers from the imagination in the face of a complex reality demanding new forms of expression that combine a personal interpretation with aesthetic enjoyment. That was precisely what I wrote a couple of years ago in an article about Chenco's psychological inquiries: "... [his work] is a free and easy way of distorting the figure, line and color in order to create a disturbing, albeit gratifying, visual impact."

Chenco (Simón Gómez Ruiz)

El crítico e historiador de arte cubano y profesor universitario Jorge de la Fuente escribió: "El arte es, entre otras posibilidades, un desequilibrio permanente entre racionalidad e intuición o, mejor aún, un intento siempre renovado y abierto de conciliar los impulsos emocionales inmediatos con las reglas impuestas por la tradición, la sociedad y la cultura. En el caso específico del colombiano Simón Mariano Gómez Ruiz, universalmente conocido como "Chenco", esta tensión contradictoria forma parte de la estructura de su formación profesional. Por un lado, su formación: se graduó Suma Cum Laude con un doctorado en Derecho y Ciencias Políticas de la Universidad de Cartagena, Colombia; y, por otro, su incontenible vocación artística le llevó a matricularse en cursos incompletos de pintura en la Escuela de Bellas Artes de esa misma ciudad, junto con incursiones en los campos de la Psicología del Arte y de la Enfermedad Mental. Supongo que gran parte de la ironía, la confianza en sí mismo, de su desmitificación de los valores dominantes puede ser el resultado de un conflicto no resuelto dentro del mundo interior del artista, entre el rigor impuesto por las regulaciones de la Ley y la cualidad arbitraria que caracteriza la creación artística. Quizás el único punto de equilibrio que unifique ambas vocaciones: Arte y Derecho– puede ser la mayor sensibilidad de Chenco hacia los problemas sociales y, en general, hacia la insoportable ligereza del ser. El papel de la intuición en la obra de Chenco ha sido destacado como uno de sus rasgos permanentes a lo largo de su vida artística. Al respecto, el escritor y crítico Eduardo Márceles Daconte escribió que: "Su obra irradia una energía refrescante que emana de estos dibujos arbitrarios, resultado de una actitud dispuesta a seguir los impulsos de la intuición o el abandono salvaje del inconsciente". Sin embargo, esta inclinación a dar libertad absoluta a la inmediatez de la intuición suele basarse en experiencias personales concretas, en cuentos ficticios o históricos, en noticias de actualidad o en personajes..."

Sandra Dooley

"The Universes of Sandra Dooley"

By Dr. Nadia Rosa Chaviano Rodríguez

Sandra Dooley (Havana, 1964) has developed an authentic and identitarian pictorial work. With a rich professional career, she has participated in more than 80 group exhibitions in the United States, France and Cuba. Her works are in prestigious personal collections of figures such as Sandra Levinson, in the Cuban Art Center in New York, in the personal collection of Donald Rubin in New York, and in the collection of the Rockefeller family, just to name a few. The Rockefeller family commissioned a mural of her on the Malabar seawall, near Melbourne, Florida.

Her passion is to paint and show what she feels. Her pictorial production reflects, in the first instance, the supremacy of the emotional. It reflects in it not only the power of cravings, desires and dreams but also of fears, nostalgia and absences. The Aristotelian pathos is present allowing that intimate emotion that awakens a similar one in those who appreciate her works.

Sandra has created a quasi magical universe from the context where she lives and creates, a wonderful place on the outskirts of Havana, Santa Fe, which is perceived as reflected in her creative acts. She gives us a work full of notorious originality that, although it stands in evolutionary logic of her previous works, is distinguished by its thematic and technical diversity. This creator has an urgent need to express herself through dissimilar pictorial techniques: painting, collage, engraving, etc. As the artist expressed, since she was little she was in contact with the universe of recycling through her grandmother and her mother who gave new life to used objects. Sandra uses collage to create highly conceptual textured pieces.

Sandra also uses colography, a very rich engraving technique, as an expressive medium. As a relief printing technique, she incorporates textured elements that adhere to the matrix before inking. The artist achieves pieces with a baroque air in the work of the clothes and headdresses of her characters, elements that enrich her creations ("Primavera", "Novela rosa", "Melón"). Sandra Dooley creates and recreates a unique pictorial universe, where each feature or attribute of her individuality is appreciated in comparison with the others, but at the same time, the artist identified with her universe is perceived.

"Los universos de Sandra Dooley"

Por la Dra. Nadia Rosa Chaviano Rodríguez

Sandra Dooley (La Habana, 1964) ha desarrollado una obra pictórica auténtica e identitaria. Con una rica trayectoria profesional, ha participado en más de 80 exposiciones colectivas en Estados Unidos, Francia y Cuba. Sus obras se encuentran en prestigiosas colecciones personales de figuras como Sandra Levinson, en el Centro Arte Cubano de Nueva York, en la colección personal de Donald Rubin en Nueva York, y en la colección de la familia Rockefeller, por solo citar algunas. La familia Rockefeller le encargó un mural en el malecón de Malabar, cerca de Melbourne, Florida.

Su pasión es pintar y mostrar lo que siente. Su producción pictórica refleja en primera instancia, la supremacía de lo emocional. Refleja en ella no sólo el poder de las ansias, deseos y sueños sino también de los temores, nostalgias y ausencias. El pathos aristotélico está presente permitiendo esa íntima emoción que despierta otra similar en quienes aprecian sus obras.

Sandra ha creado un universo cuasi mágico desde el contexto donde vive y crea, un maravilloso lugar en las afueras de la Habana, Santa Fe, que se percibe reflejado en sus actos creativos. Nos regala una obra plagada de notoria originalidad que si bien se erige en lógica evolutiva de sus trabajos anteriores, se distingue por la diversidad temática y técnica.

Esta creadora tiene una imperiosa necesidad de expresarse a través de disimiles técnicas pictóricas: pintura, collage, grabado, etc. Como expresara la artista, desde pequeña estaba en contacto con el universo del reciclaje a través de su abuela y su madre que daban nueva vida a objetos usados. Sandra emplea el collage creando piezas texturadas de alto vuelo conceptual.

El retrato femenino, el autorretrato, las mascotas y los paisajes de Santa Fe se erigen como temas omnipresentes a lo largo de su trayectoria. Sandra también emplea la colografía, técnica de grabado muy rica como medio expresivo. Como técnica de impresión en relieve, incorpora elementos texturados que se adhieren a la matriz antes del entintado. La artista logra piezas con aires barroquistas en el trabajo de las vestimentas y tocados de sus personajes, elementos que enriquecen sus creaciones ("Primavera", "Novela rosa", "Melón").

Sandra Dooley crea y recrea un universo pictórico único, donde se aprecia cada rasgo o atributo de su individualidad en comparación con los otros, pero a la vez, se percibe a la artista identificada con su universo.

Accault Jean Pierre

Le Havre, Normandie, France, 1956. Painter, sculptor. Young, left his native Normandy and his adventures led him to discover the attractive Cartagena de Indias, Colombia. He decides to stay there for a few months and finally settles in Cartagena for 23 years. He later became a professor at the Cartagena School of Fine Arts and currently lives and works in Le Havre in Normandy. It is undeniable that Colombia has marked Accault forever in his soul and in his work. A South American influence that we find when he enjoys diverting objects, materials, especially in sculpture. In his theme, he chooses themes such as music and carnival that he deals with in a style initially belonging to free figuration. With the use of a palette of bright and contrasting colors.

Jean Pierre Accault

Le Havre, Normandie, France, 1956. Pintor, escultor. Joven abandonó su Normandía natal y sus andanzas le llevaron a descubrir la atractiva Cartagena Indias de Colombia. Decide quedarse allí unos meses y finalmente se instala en Cartagena durante 23 años. Luego se convirtió en profesor en la Escuela de Bellas Artes de Cartagena y en la actualidad vive y trabaja en Le Havre en Normandía. Es innegable que Colombia ha marcado a Accault para siempre en su alma y en su obra. Una influencia sudamericana que encontramos cuando disfruta desviando objetos, materiales, sobre todo en la escultura. En su temática elige temas como la música y el carnaval que trata en un estilo inicialmente perteneciente a la figuración libre. Con el uso de una paleta de colores vivos y contrastantes.

Álvarez Abreu Ismael

Born in Havana, Cuba in 1963.Talented artist who is part of the new generation of Cubans. He is a self-taught artist. His work is a constant search for light and shadow, green hues, transparencies in rivers and streams, clean lines and beauty in color.

Álvarez Abreu Ismael

Nació en La Habana, Cuba en 1963. Pintor autodidacta de las nuevas generaciones. "Su visión del paisaje está diseñada con las claves de un romanticismo idealizante que sublima la espiritualidad de la naturaleza y contribuye a afirmar el sentido de pertenencia nacional. El delicado tratamiento de la luz se aleja de los altos contrastes para distribuirse como un elemento casi mágico que refuerzan la atmósfera de quietud con énfasis tonales y áreas de color que aportan balances de un equilibrio

Alejandro Ramón

Havana in 1943. He sought to master the craft of which he felt urgently needed to make his own work, he recorded in metal for three years before trying to paint. Simulations of articulated structures emerged representing celestial or infernal entities that were interpreted as torture machines meticulously drawn, they passed as three-dimensional, floating in space. These devices eventually engendered a surrounding landscape in which over time began to proliferate a lustful vegetation that ended up giving birth to ideal fruits, open to make clear the intimacy of its pulps and loaded with varied seeds as examples of birth and death. Soon, the mythical nudes appeared. In 1995 he moved from Paris to Miami where he rediscovered the vegetation, the sea and the clouds of his childhood.

Ramón Alejandro

La Habana,   Cuba 1943. Buscaba dominar el oficio del que sentía urgente necesidad para realizar su propia obra, grabó en metal durante tres años antes de intentar pintar. Surgieron simulacros de estructuras articuladas representando entidades celestes o infernales que fueron interpretadas como máquinas de tortura meticulosamente dibujadas, pasaban como tridimensionales, flotantes en el espacio. Estos aparatos engendraron a la larga un paisaje circundante en el cual empezó a proliferar una vegetación lujuriosa que terminó por parir frutos ideales, abiertos para hacer ver claramente la intimidad de sus pulpas y cargados de semillas variadas como ejemplos de nacimiento y muerte. En 1995 se muda de París Miami donde reencuentra la vegetación, el mar y las nubes de su infancia.

Azcuy Manuel

Was born in Pinar del Río, Cuba in 1943. He continued his passion for art as a teacher of adults and children at the Pedro Junco Cultural Center in Pinar del Río for more than one year. He studied drawing, painting, engraving, sculpture and art history. His work can be defined as figurative expressionist. "The artistic atmosphere and the pictorial treatment are interrelated with the mystical and the dark. I try to capture the vulnerability and weakness of the human body aimed at social criticism." The background and body of my work are influenced by German Expressionism and Polish painters such as Zizlaw Beksinski and Szukalski.

Manuel Azcuy

Nació en Pinar del Río en 1943, Cuba. Continuó con su pasión por el arte como profesor de adultos y niños en el Centro Cultural Pedro Junco en Pinar del Río durante más de una. Estudió dibujo, pintura, grabado, escultura e historia del arte. Su obra se puede definir como expresionista figurativa. "La atmósfera artística y el tratamiento pictórico están interrelacionados con lo místico y lo oscuro. Trato de capturar la vulnerabilidad y la debilidad del cuerpo humano dirigido a una crítica social ". "El trasfondo y el cuerpo de mi trabajo están influenciados por el expresionismo alemán y pintores polacos como Zizlaw Beksinski y Szukalski.

Acosta Gustavo

(Habana, Cuba 1958). Gustavo Acosta studied at the acclaimed School of Visual Arts San Alejandro. The architectural themes throughout Acosta's artwork challenge the viewer's perception of the physical reality of the present and illusory memory of the past. The recipient of numerous awards, Acosta has been exhibited in numerous solo and group shows in the United States and abroad. His works are part of the permanent collections of Miami's Lowe Art Museum, the Nassau County Museum of Art in New York, and the Cuban Heritage Collection of the University of Miami.

Gustavo Acosta

La Habana, Cuba 1958). Gustavo Acosta estudió en la aclamada Escuela de Artes Visuales San Alejandro. Los temas arquitectónicos a lo largo de la obra de Acosta desafían la percepción del espectador de la realidad física del presente y la memoria ilusoria del pasado. Ganador de numerosos premios, Acosta ha sido exhibido en numerosas exposiciones individuales y colectivas en los Estados Unidos y en el extranjero. Sus obras forman parte de las colecciones permanentes del Lowe Art Museum de Miami, el Nassau County Museum of Art de Nueva York y la Cuban Heritage Collection de la Universidad de Miami.

Aldana Juan Carlos

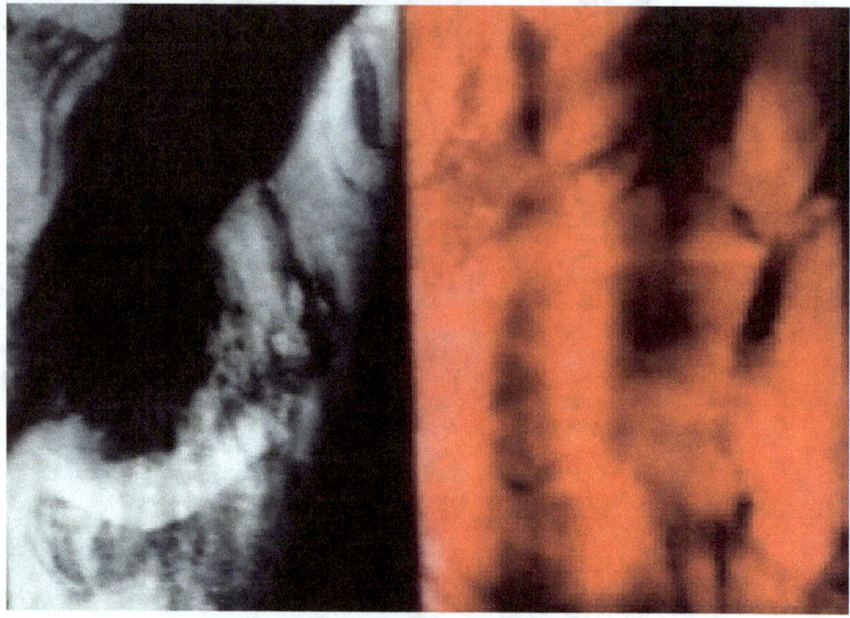

Gradued at Instituto Nacional de Bellas Artes and Escuela Superior de Artes Gráficas de Mexico. His abstract works attempt to represent experiences related to the un- conscious world, using graphics signs that originate in the spiritual world that arises from human beings' cultural memory. That's why his work is so different to European abstractionism. His works -in which a certain expression of pain that leads to the encounter of peace and hope can be perceived– is characterized for a combination of light and darkness in the reencounter of white and black.

Juan Carlos Aldana

Nació en Bogotá, Colombia en 1960. Estudió en el Instituto Nacional de Bellas Artes y en la Escuela Superior de Artes Gráficas de México. Su obra abstracta intenta representar experiencias relacionadas con el mundo inconsciente a partir de grafismos-signos que tienen su origen en el mundo espiritual que se gesta a partir de la memoria cultural del ser humano. De ahí la gran diferencia de su obra con el abstracto europeo. Sus trabajos -en los que se percibe una cierta expresión del dolor que conduce al encuentro con la paz y la esperanza-, se caracterizan por ser una combinación de luz y oscuridad en un reencuentro del blanco con el negro logrados a partir de una síntesis donde, en el universo de matices logrados por el artista, la esencia divina del hombre palpita en toda su plenitud, confirma el escritor Rafael Vega J.

Artime G Carlos

Manzanillo, Cuba, 1940. Estudió Arquitectura en la Universidad de la Habana donde conoció a Guido Llinás, Tomás Oliva, Raúl Martinez, Loló Soldevilla, Hugo Consuegra, quienes ocupaban los primeros planos de la plástica cubana en a comienzos de 1960. Artime está enmarcada entre el abstraccionismo, el constructivismo, el Pop Art, maneja el color y los espacios con una creatividad sorprendente. CON diversas formas y temáticas,

Carlos Artime G

Manzanillo, Cuba, 1940. He studied Architecture at the University of Havana where he met Guido Llinás, Tomás Oliva, Raúl Martínez, Loló Soldevilla, Hugo Consuegra, some belonging to the LOS ONCE Group recognized as those in charge of placing those who occupied the first plans of Cuban plastic arts in the early 1960s. Artime is framed between abstractionism, constructivism, Pop Art, handles color and spaces with surprising creativity.

Angulo Daniel

"Tradition and modern times exceptionally converge into my work. Or perhaps we should refer to it as mixture of tradition and post-modern times. Created or deformed by the confusing merging of all tendencies, I'm been able to built a creative and critical sensibility, which allows new ideas, concepts, new supports, and new visual manifestations to be present in my works of art. My own creations expressed and advanced artistic position, maintains by an ample cultural roots notion and by a decisively vanguards conceptualization based on the confrontation of normality versus establishment; assuming it, transforming it, challenging the vital danger of irony into new doors of perception.

Daniel Angulo

La tradición y los tiempos modernos convergen excepcionalmente en mi trabajo. O tal vez deberíamos referirnos a ella como una mezcla de tradición y tiempos posmodernos. Creado o deformado por la confusa fusión de todas las tendencias, he sido capaz de construir una sensibilidad creativa y crítica, que permite que nuevas ideas, conceptos, nuevos soportes y nuevas manifestaciones visuales estén presentes en mis obras de arte. Mis creaciones con una amplia noción de raíces culturales y por una conceptualización decididamente vanguardista basada en la confrontación de la normalidad versus el establecimiento; asumiéndola, transformándola, desafiando el peligro vital de la ironía en nuevas puertas de percepción.

Angée John

Medellin, Colombia (1958). He studied at the New World School of the Arts in Florida International University, Miami, Florida. He received a Bachelor Degree in Fine Arts Specialized in painting techniques at the Ecole Nationale Superieur des Beaux Arts de Paris, France. "There is a luminous sensuality in the painting of John Angée. Light illuminates in the perfect fusion of form and color to create pictorial space that flows in rhythmic harmony in and out of the picture plane with a dynamic energy. He use the complexity of abstract interaction to communicate his personal vision of human relationship.

Angée John

Medellín, Colombia 1958. Estudió en la Nueva Escuela Mundial de las Artes en la Universidad Internacional de la Florida, Miami, donde recibió una licenciatura en Bellas Artes. Se especializó en técnicas de la pintura en la Ecole Nationale Superieur des Beaux Arts de París, Francia. "Hay una sensualidad luminosa en la pintura de John Angée. La luz ilumina en una fusión perfecta de forma y color para crear un espacio pictórico en el que fluye en armonía rítmica hacia adentro y hacia afuera del plano del cuadro. Logra difuminar profundidades en la tela y le da a su obra un sentido de energía dinámica. Utiliza una compleja interacción abstracta para comunicar su visión personal de las relaciones humanas.

Ales Ángela

(Barranquilla, Colombia). Andalusian and Lebanese descent. Alés moved to the United States in 1984 and graduated from Cooper Union for the Advancement of Science and Art, in New York City. She received her MFA from the Miami International University of Art and Design. She has participated in over 30 collective and individual exhibitions in the US and Central and South America. Her work can be found in private collections in the Americas and Europe.

Angela Alés

(Barranquilla, Colombia). Es una artista nacida en Barranquilla, Colombia, de descendencia Andaluza y Libanesa. Alés se trasladó a los Estados Unidos en 1984 y en 1993 se graduó de Cooper Union for the Advancement of Science and Art en la ciudad de New York. Recibió su maestría en Bellas Artes en la Universidad Internacional de Arte y Diseño en Miami. Ha participado en más de 30 exhibiciones individuales y colectivas en los Estados Unidos, en Centro y Sur America. Sus obras se encuentran en colecciones privadas a través de las Americas y Europa.

Ávila Hernández Roberto

Ciego de Ávila. Cuba, November 19, 1963. Graduated in Medical Sciences in 1992 and is an active member of the Association of Cuban Artisans and Artists since 1993. He works in oil painting and other techniques. Participated in numerous exhibitions and events of ceramics, drawing. Completed a postgraduate degree in creativity, curatorship and public relations. He is currently vice president of the ACAA in Ciego de Ávila. He has made 23 personal exhibitions and seventy-two collective exhibitions.

Roberto Ávila Hernández.

Ciego de Ávila. Cuba, Noviembre 19 de 1963. Graduado de Medicina en 1992 y es un activo miembro de la Asociación de Artesanos y Artistas Cubanos a partir de 1993. Trabaja la pintura al óleo y otras técnicas, Ha participado en numerosas exposiciones y eventos de cerámica, dibujo. Realizó un postgrados sobre creatividad, curaduría y relaciones públicas. Actualmente es vicepresidente de la ACAA en Ciego de Ávila. Ha realizado 23 exposiciones personales y setenta y dos colectivas

B

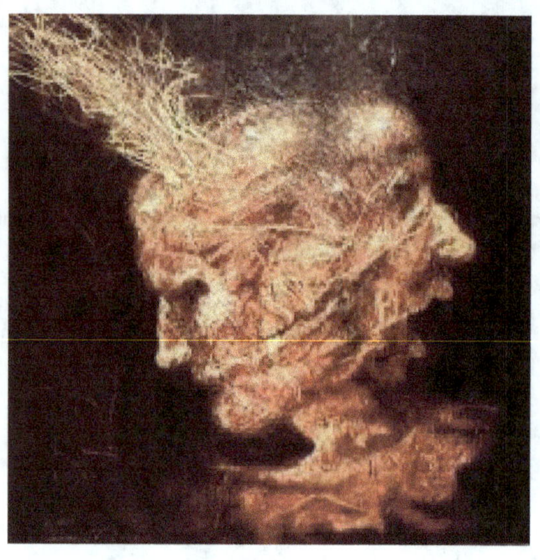

Barceló Wilfredo

Born in Havana, Cuba.Studied Art at the San Alejandro Academy in Havana. Presently lives in Miami and is considered an artistic talent. Wilfredo Barcelo's works explore the human anatomy, the wide plasticity of its shapes and movements, and recurs to its most intimate expressions to impress in its canvases the personal touch which characterizes his purged style. His great passion is to try to create the impossible, that which is inexplicable through the sub conscious, allowing him to flow without ties, with total freedom, without conceptual conditionings. In his paintings, Barcelo shows only a fraction of the real world which blends with another part of his own self, but allowing it to digress, so that the content of the work does not acquire a deliberate shape, but may reach an oniiric dimension.

Barceló Wilfredo

Nació en La Habana, Cuba. Cursó sus estudios de Arte en La Academia de San Alejandro de La Habana, Cuba. Vive actualmente en Miami y es considerado un talento artístico. La obra de Wilfredo Barceló explora la anatomía humana, la amplia plasticidad de sus formas y movimientos, y recurre a sus más íntimas expresiones para imprimirle a sus lienzos el toque personal que caracteriza su estilo depurado.

Brouwer Juan

(La Haba, Cuba). Contemporary abstract plastic artist with more than twenty years of experience and work in the field of visual arts I have created an innumerable number of pieces. He is a graduate of the San Alejandro Academy of Plastic Arts in Havana, Cuba. The most recent exhibitions: "Juntos, Gemeinsam" Cuban-German collective expo in Havana. Collective expo "Incontinuum" in Havana, Cuba. Personal exhibition "Infinite City" at the Hotel Trip Habana Libre, among others.

Juan Brouwer

(La Haba, Cuba).Artista plástico abstracto contemporáneo con más de veinte años de experiencia y trabajo en el campo de las artes visuales que he creado una innumerable cantidad de piezas. Es egresado de la academia de artes plásticas San Alejandro de La Habana Cuba. Las exposiciones más recientes: "Juntos, Gemeinsam" expo colectiva cubano-alemana en La habana. Expo colectiva "Incontinuum" en La Habana, Cuba. Exposición personal "Ciudad Infinita" en el Hotel Trip Habana Libre, entre otras.

Batteman Jesse

Dedicated Artist with 20 years of experience. Self confidant and consistently willing to learn. A whimsical artist with superb artistic skills and abilities of bringing imagination to his work. Proficient in creating detailed masterpieces for clients using multiple types of medium. Adept in murals and public projects. He is the lead contact for Boise's TVAA Urban Sketchers. Before the art, Jesse had a myriad of jobs, sports interests, and life experiences which taught him numerous skills that serve him well in his business and artistic creations. He has a keen intuition which he incorporates into his works of art. He's also formally educated, self taught, and studies under several mentors.
Bateman Jesse

Jesse Batteman

Artista dedicado con 20 años de experiencia. Seguro de sí mismo y siempre dispuesto a aprender. Un artista caprichoso con excelentes habilidades artísticas y habilidades para llevar la imaginación a su trabajo. Competente en la creación de obras maestras detalladas para clientes que utilizan múltiples tipos de medios. Experto en murales y proyectos públicos. Es el contacto principal de TVAA Urban Sketchers de Boise. Antes del arte, Jesse tenía una miríada de trabajos, intereses deportivos y experiencias de vida que le enseñaron numerosas habilidades que le sirven bien en sus negocios y creaciones artísticas. Tiene una aguda intuición que incorpora a sus obras de arte. También tiene una educación formal, es autodidacta y estudia con varios mentores.

Bastarrachea Adrian

 (Tixkokob, Yucatán, México, 1990. He studied Design and Visual Communication at the Mesoamerican University of San Agustín. From 2010 to 2015 he was a member of the Association of Engraving and Lithography A.C of Yucatan where he began his training as an engraver and lithographer under the pupillage of Salvador Baeza. As part of this group he took part in digital graphics projects and group exhibitions at the National Print Museum and the Old Jesuit College. Bastarrachea's work has been published in academic and popular magazines in Mexico and abroad. He was also selected to be part of the International Bienna e in Yerevan, Armenia in 2019. Since 2018 he has been collaborating with the Uayé painting collective, a group characterised by the practice of working on a painting with more than one person at the same time a practice called 'pintura al alimón'. The Artist has exhibited his work in solo shows such as Chuke Machuke (Galería La Eskalera, MID, Yucatán), Homo Virtualis (Museum of the City, MID, Yucatán), Mal Aire (Umbral Gallery, Bacalar, Quintana Roo), [D]RAW (Calle Estampa Workshop, MID, Yucatán).

Adrián Bastarrachea

(Tixkokob, Yucatán, México, 1990). Estudió Diseño y Comunicación Visual en la Universidad Mesoamericana de San Agustín. De 2010 a 2015 fue miembro de la Asociación de Grabado y Litografía A.C de Yucatán donde comenzó su formación como grabador y litógrafo bajo el pupilaje de Salvador Baeza. Como parte de este grupo participó en proyectos de gráficos digitales y exposiciones colectivas en el Museo Nacional de la Imprenta y el Antiguo Colegio Jesuita. El trabajo de Bastarrachea ha sido publicado en revistas académicas y populares en México y en el extranjero. También fue seleccionado para formar parte de la Bienal Internacional de Erevrán, Armenia, en 2019. Desde 2018 colabora con el colectivo de pintura Uayé, un colectivo caracterizado por la práctica de trabajar un cuadro con más de una persona a la vez que una práctica denominada 'pintura al alimón'. El Artista ha expuesto su obra en exposiciones individuales como Chuke Machuke (Galería La Eskalera, MID, Yucatán), Homo Virtualis (Museo de la Ciudad, MID, Yucatán), Mal Aire (Galería Umbral, Bacalar, Quintana Roo), [D]RAW (Taller Calle Estampa, MID, Yucatán).

Bauta Yovani

Born in Matanzas, Cuba en 1949. Studied at the Havana National School of Arts in 1972. His painting has abstract features, where color stains sprout figures. It has great solidity and expressive strength. There are no spaces nor wishful thinking. He moves toward what is plain pictorial, to sensation and feeling. In his objects, there is a concept, a history and language that allows him to express discouragement, uncertainty, frustration and desperation.

Yovani Bauta

Nacido en Matanzas, Cuba, en 1949. Estudió en la Escuela Nacional de Arte de La Habana. Con su pintura, de factura abstracta, es galardonado en dos oportunidades con dos premios nacionales en su país. Su pintura es de gran fuerza expresiva, la que parte del gesto impulsivo, de un automatismo en el trazo que comunica efectos, atmósferas y contradicciones donde la imagen de los objetos son transferidas a los espacios escultóricos.

Bermúdez Cundo

(Cuban, 1914-Miami 2008) was a painter associated with Cuban Modernist movement, and best known for his colorful and humorous depictions of everyday life. Born in Havana, he studied painting at the Alejandro School of Fine Art in Havana, and later traveled to Mexico City to study drawing at the San Carlos Academy of Fine Art. There, he was strongly influenced by Mexican artists, such as Diego Rivera (1886–1957) and José Clemente Orozco (1883–1949), as well as by the previous generation of Cuban artists, such as Amelia Peláez (1896–1968) and Carlos Enríquez (1900–1957). In 1944, Bermúdez participated in an exhibition at the Museum of Modern Art that featured Cuban art. As his international reputation grew, his work was exhibited in the United States, Europe, Mexico, Buenos Aires, and Cuba. In the early 1950s, Bermúdez traveled to Europe through Spain, France, Italy, and the Netherlands. He was particularly interested in Modern Art and the Spanish Masters, such as as Diego Velázquez (1599–1660). Today, two of his paintings, The Balcony (1941) and Barber Shop (1942), are held in the permanent collection of the Museum of Modern Art in New York. Many of his works are held in the collection of Museo Nacional de Bellas Artes de La Habana.

Bermúdez Cundo

Cubano, 1914-Miami 2008) fue un pintor asociado con el movimiento modernista cubano, y mejor conocido por sus coloridas y humorísticas representaciones de la vida cotidiana. Nacido en La Habana, estudió pintura en la Escuela Alejandro de Bellas Artes de La Habana, y posteriormente viajó a la Ciudad de México para estudiar dibujo en la Academia de Bellas Artes de San Carlos. Allí, fue fuertemente influenciado por artistas mexicanos, como Diego Rivera (1886-1957) y José Clemente Orozco (1883-1949), así como por la generación anterior de artistas cubanos, como Amelia Peláez (1896-1968) y Carlos Enríquez (1900-1957). Bermúdez participó en una exposición en el Museo de Arte Moderno que presentó arte cubano. A medida que su reputación internacional creció, su trabajo se exhibió en los Estados Unidos, Europa, México, Buenos Aires y Cuba. A principios de la década de 1950, Bermúdez viajó a Europa a través de España, Francia, Italia y los Países Bajos. Estaba particularmente interesado en el arte moderno y los maestros españoles, como Diego Velázquez (1599-1660). Hoy en día, dos de sus pinturas, The Balcony (1941) y Barber Shop (1942), se encuentran en la colección permanente del Museo de Arte Moderno de Nueva York. Muchas de sus obras se encuentran en la colección del Museo Nacional de Bellas Artes de La Habana.

Bravo Aldo

Born in Valparaiso, Chile.Lived in Florida since 1992. Studied in Chile at the Viña del Mar School of Fine Arts, drawing, painting, art history, engraving, print making, and graphic design. Professor of Arts at the Federico Santa Maria University in Valparaiso. Exhibit in US, Latin America, Switzerland, Germany, Italy and France. "His career has always been remarkable. Is one of an artist who possesses the devouring angel of Art".

Aldo Bravo

Nacido en Valparaíso, Chile. Vive en la Florida desde 1992. Estudió dibujo, pintura, historia del arte, grabado y diseño gráfico en la Escuela de Artes Plásticas de Viña del Mar. Ha sido profesor de arte en la Universidad Federico Santa María de Valparaíso. Ha participado en exposiciones individuales y colectivas en Latinoamérica, Europa y los Estados Unidos. También fue invitado por el Instituto Cultural de Israel en 1996. "Hemos seguido la ruta de Aldo Bravo por los caminos del arte y nos complace decir que siempre se ha destacado en su carrera. Su trabajo es el de un artista consagrado poseedor de un talento excepcional."

Bertel César

(Cartagena de Indias, 1957). Is an innovative artist in approach proposals, in new formats and in techniques that enrich the development of watercolor in Colombia before the world. He has been in this last decade perhaps the most fruitful Colombian watercolorist who stripped naked, long before the fires and terrible environmental alarms began on the planet, the irreversible devastation of the jungle and the destruction of nature in the hands of man. He believes that the epidemic facing the world since the beginning of this 2020 is the daughter of the predation and abuse of the human being, who has been the architect of his own disasters. The hummingbird is an emblematic bird in Bertel's work. A bird that, for the indigenous cultures of Sinú, Mexico and Guatemala, is a sacred creature. Not only is he a messenger of the gods of heaven and earth, but he is a deity who trembles in the air and announces a promise in the tribe. (Also read: A hummingbird arrives".

César Bertel

(Cartagena de Indias, 1957). "Es un artista innovador en propuestas de enfoque, en nuevos formatos y en técnicas que enriquecen el desarrollo de la acuarela en Colombia ante el mundo. Ha sido en esta última década tal vez el más fecundo acuarelista colombiano que desnudó, mucho antes de que se iniciaran los incendios y las terribles alarmas ambientales en el planeta, la irreversible devastación de la selva y la destrucción de la naturaleza en manos del hombre. Cree que la epidemia que enfrenta el mundo desde comienzos de este 2020 es hija de la depredación y el abuso del ser humano, quien ha sido el arquitecto de sus propios desastres. El colibrí es un pájaro emblemático en la obra de Bertel. Un pájaro que, para las culturas indígenas del Sinú, México y Guatemala, es criatura sagrada. No solo es un mensajero de los dioses del cielo y la tierra, sino que es una deidad que tiembla en el aire y anuncia una promesa en la tribu. (Lea también: Un colibrí llega para que Bertel lo pinte).

Beltrán Félix

(Havana in 1938). He became mexican citizen. In 1956 traveled to the U.S A. where he graduated from the School of Visual Arts, New York, and the American Art School, New York. He also studied at the Art Students League, New York, and the Circulo de Bellas Artes, Madrid. He was awarded scholarships from the New School for Social Research, New York, the Graphic Art Center of the Pratt Institute, New York, and from the Council of International Exchanges of Scholars, Washington DC. His works have been included in about 500 collective exhibitions, 87 individual exhibitions and in the collections of 60 national and international museums., México. Teach at Universidad Autónoma Metropolitana de México.

Félix Beltran

(La Habana, 1938). También es ciudadano mexicano. En 1956 viajó a Estados Unidos donde se diplomó de la School of Visual Arts y de la American Art School, ambas en Nueva York. Además estudió en el Art Students League de Nueva York y en el Circulo de Bellas Artes de Madrid. Fue becario de la New School for Social Research y del Graphic Art Center del Praff Institute, ambas de New York y recientemente del Council for International Exchanges of Scholars en Washington. D.C. Ha participado en cerca de 500 exposiciones colectivas, 87 exposiciones individuales y está en las colecciones permanentes de 60 museos. Es Profesor de la Universidad Autónoma Metropolitana de México.

Bernal Delfina

Barranquilla, Colombia. Studied at the School of Fine Arts of the University of the Atlantic under the direction of Alejandro Obregon and Angel Loochkartt. Studied print- making at the Parson School of Design with Benedetto Bianchi and continued her studies at Contra Costa College in the San Francisco Bay Area where she currently resides. Delfina has exhibited in Colombia. New York and San Francisco, both in group and in one shows. She has received excellent reviews by known art critics such as: Mario Rivero, Eduardo Marceles, and Marta Trava who included Delfina in her series of books Mirar en Bogota. She also received worthy praise in the recent publication Caribbean Art in Colombia by art critic Alvaro Medina. Most importantly, Delfina Bernal, is acknowledge as an important artist within the Colombian Caribbean community, with her sense of color and form with which she marks her personal style.

Delfina Bernal

Nació en Barranquilla, Colombia donde estudió en la Escuela de Bellas Artes de la Universidad del Atlántico bajo la dirección de Alejandro Obregón y Angel Loochkartt. Estudió Grabado en Parson School of Design bajo la dirección de Benedetto Bianchi. Hizo estudios en Contra Costa College en el Area de la Bahía de San Francisco donde vive actualmente. Delfina ha expuesto en Colombia, Nueva York y San Francisco en múltiples exhibiciones individuales y en colectivas. Ha recibido excelentes reseñas de prensa por conocidos críticos de arte tales como Mario Rivero, Eduardo Marceles y Marta Traba quien la incluyó en su serie de libros Mirar en Bogotá. También fue destacada en la reciente publicación del libro El Arte del Caribe Colombiano, escrito por el crítico Alvaro Medina. Delfina Bernal es reconocida como una artista importante en el arte de la Costa Atlántica, con su sentido de color y forma con el que crea su propio idioma visual.

Breso Luis

Matanzas, Cuba, in 1946. Studies at the San Alejandro Academy of Visual Arts in Havana, Cuba. Traveled extensively in Spain and France, studying and observing the great masters who exhibit their works in the most important museums. He exhibited in different galleries in Madrid, Paris, Miami Beach Convention Center and Coconut Grove, Florida. He sublimates his subjects in such a way that he converts his pieces into works that, thanks to their precision and luminosity, have successfully graced the exhibit halls of great collectors who have found in him an artist who knows how to conjugate with great mastery both the art of stage design and that of portraiture.

Luis Breso

Matanzas, Cuba en 1946. Realizó estudios de pintura en la Academia de Artes Plásticas San Alejandro de La Habana, Cuba y ha viajado extensamente por España y Francia observando y estudiando con detenimiento a los grandes maestros que exhiben sus obras en los más importantes museos. Ha expuesto en galerías de Madrid y París y participado en exposiciones realizadas en ferias de arte en el Centro de Convenciones de Miami Beach y Coconut Grove, Florida. Breso convierte sus piezas en obras que por su precisión y luminosidad recorren con éxito los salones de coleccionistas que han encontrado en él a un artista que sabe conjugar magistralmente la escenografía y el retrato.

Brizuela Minerva

Havana, Cuba 1951. Studied in Havana's San Alejandro Academy of Fine Arts. Minerva is caught by the topic of roosters in Cuban art found in 19th century engravings, to the works of Tarrazone and Mariano in the 20th. Minerva's roosters, always two, form one single being or system: two closing curves, offspring's of the same inextricable matrix, shaping a heart, inside which our eyes sink into an endless cave or abyss. The legs of the animals are the naked fleshes that struggles, while the heads are the two precise forms which are under an imposed destiny. She has participated in exhibitions in Barcelona (Spain), Latin America, Chicago, New York, Wizo Art 2001, Miami Beach.

Brizuela Minerva

La Habana, Cuba,1951. Su pintura es una constante evocación. Acude a la memoria como fuente que la orienta hacia lo lírico y hacia lo subjetivo. Recurre a imágenes que le permiten ilustrar un medio ambiente cargado de signos emocionales. Su pintura es una exaltación del campesino cubano como personificación nacional. En su idealización de la memoria cubana, el motivo de las peleas de gallo se convierte en un revuelo de formas en que el plumaje adquiere un frenesí de color. Ha realizado exposiciones en Barcelona (España), varias ciudades de Latinoamerica, Chicago, Nueva York, Wizo Art 2001, Miami Beach,

Budahi Naville

Was born in Camaguey Cuba. Studied in the Royal Academy of Fine Arts St. Ferdinand, the National School of Graphic Arts of Madrid, Spain; and the College of Technical Arts applied to Industry and Commerce in Paris, France. Since 1960 have presented numerous exhibitions in Havana Cuba; Museum of Art and History Puerto Rico; Kingston and Montego Bay, Jamaica; The Florida Museum of Hispanic and Latin American Art, Coral Gables, Florida; Bethesfda M.D.; World Bank, Washing- ton D.C., Alexandria, Virginia and Oakland, California.

Budahi Naville

Nació en la Provincia de Camagüey Cuba. Realizó sus estudios en la Real Academia de Bellas Artes de San Fernando, en la Escuela Nacional de Artes Gráficas en Madrid España y en el Colegio Técnico de Artes Aplicadas a la Industria y al Comercio de París Francia. Desde 1960 está exhibiendo en La Habana, Kingston, y Montego Bay, Jamaica, el Museo de Bellas Artes de América Hispana y Latina, Coral Gables FL.,la Galería del Banco Mundial Washington D.C., Galería Royal Alexandria V.A. y Oakland CA.

Bedia Jose

Born in 1959, he is a Havana native. Bedia was trained in a traditional academic style, but his work promotes his interest in the indigenous cultures of Africa, America, Mexico and South America. He graduated from San Alejandro in Havana and is considered part of the '80's generation.

The artist lived and worked at the State University of New York and with the Dakota Sioux on the Rosebud Reservation. Bedia returned to Cuba where his work was influenced by native Cuban religions. His works have been included in the Biennials of Sao Paulo and Venice and many of the large scale exhibitions of Latin American Art such as the 1993 exhibition of Latin American Artists from the 20th Century at the Museum of Modern Art in New York.

José Bedia

Nacido en 1959, es habanero. Bedia se formó en un estilo académico tradicional, pero su trabajo promueve su interés en las culturas indígenas de África, América, México y América del Sur. Se graduó de San Alejandro en La Habana y es considerado parte de la generación de los 80. El artista vivió y trabajó en la Universidad Estatal de Nueva York y con los Dakota Sioux en la Reserva Rosebud. Bedia regresó a Cuba, donde su trabajo fue influenciado por las religiones nativas cubanas. Sus obras han sido incluidas en las Bienales de Sao Paulo y Venecia y muchas de las exposiciones a gran escala de Arte Latinoamericano como la exposición de 1993 de Artistas Latinoamericanos del Siglo XX en el Museo de Arte Moderno de Nueva York.

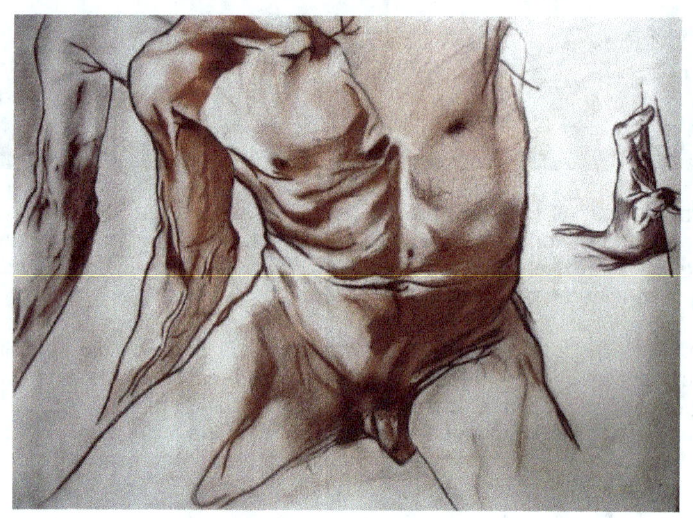

Caballero Luis

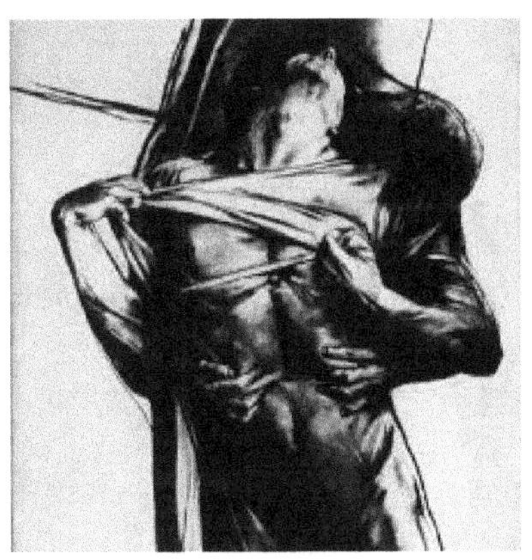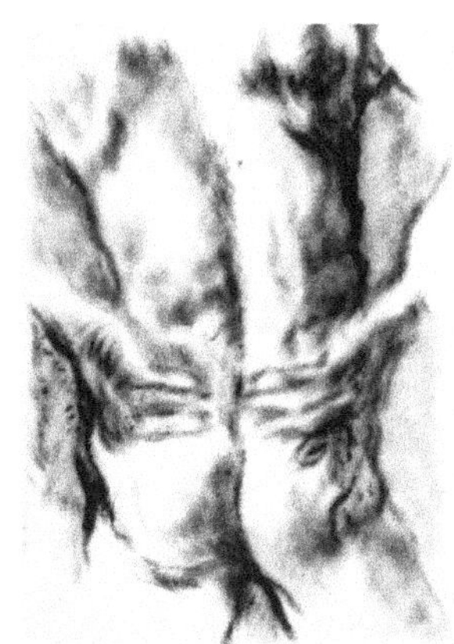

(Bogotá 1943-1995). Draftsman, engraver and painter. He studied Fine Arts at the Universidad de los Andes in Bogotá where he received classes from Juan Antonio Roda and Marta Traba. In 1968 he won the prize at the Coltejer Biennial in Medellín with the work "La cámara del amor", made up of multiple panels involving the viewer, a piece that is part of the permanent collection of the Museum of Antioquia. Later he settled in Paris where his painting reached the erotic character. In 1973 he exhibited again at the Museum of Modern Art in Bogotá and in 1974 at La Tertulia in Cali. In the following years he held important exhibitions at the Albert Loeb Gallery in Paris and at the Belarca in Bogotá. He represented Colombia at the Paris Biennale in 1969; in Sao Paulo in 1973 and in Venice in 1984. The collection of the Bank of the Republic dedicated a room to his works of large format. He died in Bogotá in 1995 after inaugurating an extensive exhibition on paper made up of a hundred works.

Luis Caballero

(Bogotá 1943- 1995). Dibujante, grabador y pintor. Estudió Bellas Artes en la Universidad de los Andes de Bogotá donde recibió clases de Juan Antonio Roda y Marta Traba. En 1968 ganó el premio en la Bienal de Coltejer en Medellín con la obra "La cámara del amor", conformada por múltiples paneles que involucraban al espectador, pieza hace parte de la colección permanente del Museo de Antioquia. Posteriormente se radica en París donde su pintura alcanza el carácter erótico. En 1973 expuso nuevamente en el Museo de Arte Moderno de Bogotá y en 1974 en La Tertulia en Cali. Los años siguientes realizó importantes exposiciones en la Galería Albert Loeb de París y en la Belarca de Bogotá. Representó a Colombia en la Bienal de París en 1969; en la de Sao Paulo en 1973 y en la de Venecia en 1984. La colección del banco de la República dedicó una sala obras suyas de gran formato. Murió en Bogotá en 1995 después de inaugurar una amplia exposición sobre papel conformada por un centenar de obras.

Cantillo Rojas Osvaldo

Barranquilla, Colombia 1958. Master in fine arts: Universidad del Atlántico
EXHIBITIONS   2007-Hunting Col. poesia.Barranquilla , 2005-Home-Deco-Fourt
Lauderdale, USA , 2002-One Brickell Squerd-Miami.USA , 2001-Galeria -B/quilla
Cayenne. Col ,1993-BIDGALLERY-Washintong. USA , 1992-Art Gallery-Metz
Gambetta France , 1991-Galeria Angulo-B/quilla. Col. , 1988-Galeria Soledad.-
B/quilla hundred years. Col. EXHIBITIONS 2010-Galeria-Sta.Marta. Cajamag-Col.
, 2009-Galeria-Bquilla District. Col. , 2009-Galeria-Medellin highway Col. , 2008-
Galeria Comfamiliar .B / keel. Col. , 2007-gallery district. B / keel Col. , 2004-
Consulaso of Colombia in Spain , 2003 - ARA-GALLERY-Miami USA ,
2002.Mundo-Gallery-USA-Coral   Gable   2000-ARA-GALLERY-MIAMI   USA
AWARDS 1991-OUT OF COMPETITION 1er.salon of coast artists 1993-1st
Honorable Mention National tavern room 2009-Artist of the Year-Pto. Colombia
Col.

Osvaldo Cantillo Rojas

Barranquilla, Colombia 1958. Magíster en Bellas Artes: Universidad del Atlántico
EXPOSICIONES 2007-Caza Col. poesia. Barranquilla, 2005-Home-Deco-Fourt
Lauderdale, USA, 2002-One Brickell Squerd-Miami.USA, 2001-Galeria -B/quilla
Cayenne. Col 1993-BIDGALLERY-Washintong. USA , 1992-Art Gallery-Metz
Gambetta Francia , 1991-Galeria Angulo-B/quilla. Col., 1988-Galeria soledad.-
B/quilla cien años. Col. EXPOSICIONES 2010-Galeria-Sta.Marta. Cajamag-Col. ,
Distrito 2009-Galería-Bquilla. Col. , 2009-Carretera Galería-Medellín Col. , 2008-
Galería Familiar. B/quilla. Col., distrito de galerías de 2007. B/keel Col., 2004-
Consulaso de Colombia en España, 2003 - ARA-GALLERY-Miami USA,
2002.Mundo-Gallery-USA-Coral Gable 2000-ARA-GALLERY-MIAMI USA
AWARDS 1991-OUT OF COMPETITION 1er.salon of coast artists 1993-1st
Honorable Mention National tavern room 2009-Artist of the Year-Pto. Colombia
Col.

Consuegra Rafael

Born in Havana, Cuba in 1941. He was the recipient of a Cintas fellowship from the International Institute of Education in New York. He received a Master's in Art from the University of Miami. He teaches ceramics, sculpture and design at Miami Dade Community College and at Barry University in Miami. "Consuegra's works belongs to an underwater world where man can submerge himself in search of a different universe, a silent paradise, in a fantastic growth of algae made of clay and steel growing towards the sun."

Rafael Consuegra

Nació en La Habana, Cuba en 1941. Estudió escultura y pintura en París, Nueva York y posteriormente recibió una maestría de la Universidad de Miami. Enseña cerámica y escultura en el Miami Dade Community College y en Barry University. En sus esculturas, de colores primarios, se ensamblan diferentes planos para crear formas de un raro simbolismo. En la originalidad de su lenguaje plástico, el artista emerge desde lo terreno en búsqueda de una fusión cósmica y espiritual.

Cortés Efraín

(Efraín Cortés Barranquilla, Colombia 1952). Master of both drawing and color, and still faithful to the particular universe of his childhood, Cortés' work continues to be nourished by myths and street characters, the rich picaresque neighborhood, the picturesque urban landscape and the persistent memories of carnival, all lived in the Abajo neighborhood. Cortés belongs to a generation of graduates of the School of Painting of Fine Arts in Barranquilla, whose teacher, among others, was Alejandro Obregón.

Today she holds an interesting resume of exhibitions in several capital cities of European countries, and in Japan, as well as individual and collective aces in which her work has been invited in Colombia. He has also been the winner of the Prix du Salon Régional de Sculture de Ferraille Award, as well as selected at the XXVII National Salon of Visual Art in Bogotá and invited to exhibit at the Jeune Peinture -Jeune Expression International Grand Salon in Paris. Narrative philosophical painting, mystical keys and a certain witchcraft, is that of this Barranquilla painter, points out in one of his recent writings the journalist and narrator Julio Olaciregui, also resident in Paris.   EL TIEMPO

Efrain Cortés

(Barranquilla, Colombia 1952). Maestro a la vez del dibujo y del color, y fiel todavía al universo particular de su infancia, la obra de Cortés se sigue nutriendo de los mitos y personajes callejeros, de la rica picaresca de vecindario, del pintoresco paisaje urbano y de los recuerdos persistentes del carnaval, todo ello vivido en el barrio Abajo. Cortés pertenece a una generación de egresados de la Escuela de Pintura de Bellas Artes en Barranquilla, que tuvo por maestro, entre otros, a Alejandro Obregón.Hoy ostenta una interesante hoja de vida de exposiciones en varias ciudades capitales de países europeos, y en Japón, además de as individuales y colectivas en las que su obra ha estado invitada en Colombia. Igualmente ha sido ganador del Premio Prix du Salon Régional de Sculture de Ferraille, así como seleccionado en el XXVII Salón Nacional de Arte Visual en Bogotá e invitado a exponer en el Gran Salón Internacional Jeune Peinture -Jeune Expression en París. Pintura filosófica narrativa, claves místicas y una cierta brujería, es la de este pintor barranquillero , señala en uno de sus escritos recientes el periodista y narrador Julio Olaciregui, también residente en París.   EL TIEMPO

Carulla Ramón

Born in Havana, Cuba in 1940. Carulla has had numerous solo Exhibitions in Florida, Germany, Mexico, Panama, Ohio, Michigan, Puerto Rico and Canada, just to name a few. "There is the search for my own identity, it is important for man to know himself first before knowing others. I try to find a rapprochement with my inner world. I allow myself to be taken by my emotions and feelings, and I express what I feel. In each series, find new emotions, everything becomes integrated to its interior world. I don't paint anything to satisfy anyone, rather to compensate myself. My themes are not studied, nor designed to please; they are the daily struggle, it is what it is. There is a magic realism, my characters live in a question mark, in mystery, in real life."

Ramón Carulla

Nació en La Habana, Cuba en 1940. Carulla ha tenido numerosas Exhibiciones Individuales en La Florida, Alemania, México. Panamá, Ohio, Michigan Puerto Rico y Canadá, entre otras. Su obra figurativa-expresionista, gira en torno a la alienación del ser humano, atenuándola un través de la inclusión de elementos de humor en los que se manifiesta la crítica social. Pintor autodidacto, se inició como un expresionista informal abstracto, pero más tarde su obra adquiere una definición figurativa. Sus temas son la soledad, la confrontación y la agresividad de los seres humanos. "Mis temas no son estudiados, ni diseñados para complacer; son la lucha diaria, es lo que es. Hay un realismo mágico, mis personajes viven en un signo de interrogación, en el misterio, en la vida real".

Caminero Máximo

(Santo Domingo 1962). He was always interested in art, choosing to be largely self-taught by immersing himself in art history. His paintings embed spirituality, with rich earth-based colors and forms that echo everyone from Leonardo da Vinci to Klee to Picasso. "I never start with anything too specific in mind," he says in the studio on a hot hazy weekday afternoon. "Unless I'm making work for a specific show. I choose the colors and the forms start to appear. I title the painting when I'm done."

JF Gallery has represented him for over 10 years. He is also represented by a gallery in Palm Beach, Danieli Fine Art. Moving past that incident, Caminero spends every day in his studio, painting one large work after another. While he is still bitter about the lack of attention he feels "local" artists don't receive, he keeps on painting and making art, which is what really matters in the end. With influences from impressionist painters like Ramón Oviedo, José Guadalupe, and Wilfredo Lam, his art is capable of conveying the invisible through abstract forms that flow in harmonic strokes and colors that depict the nature of its universe.

Máximo Caminero

(Santo Domingo 1962). Siempre estuvo interesado en el arte, eligiendo ser en gran parte autodidacta al sumergirse en la historia del arte. Sus pinturas incorporan espiritualidad, con ricos colores y formas basados en la tierra que hacen eco de todos, desde Leonardo da Vinci hasta Klee y Picasso. "Nunca empiezo con algo demasiado específico en mente", dice en el estudio en una tarde calurosa y brumosa de un día entre semana. "A menos que esté trabajando para un programa específico. Elijo los colores y empiezan a aparecer las formas. Pongo el título a la pintura cuando termino".

JF Gallery lo ha representado durante más de 10 años. También está representado por una galería en Palm Beach, Danieli Fine Art. Superando ese incidente, Caminero pasa todos los días en su estudio, pintando una gran obra tras otra. Si bien todavía está amargado por la falta de atención que siente que los artistas "locales" no reciben, sigue pintando y haciendo arte, que es lo que realmente importa al final.

Con influencias de pintores impresionistas como Ramón Oviedo, José Guadalupe y Wilfredo Lam, su arte es cápaz de transmitir lo invisible a través de formas abstractas que fluyen en trazos armónicos y colores que representan la naturaleza de su universo.

Chenco (Simón Gómez Ruiz)

Born in Caratagena, Colombia. Carol Daminan critic art said: Over the years, the vibrant paintings of Chenco have revealed a personal vision replete with worldly references and a baroque sensibility that reflects his experiences and viewpoints about life, often from a very strange perspective. Now more figurative and with less patterning than in previous years. With compulsive energy, Chenco fragments the human body into puppet-like creatures lacking the intellectual capacity to deal with their own reality. Chenco also confronts his audience with many questions, and few answers. Despite his attempt to deal with Y2K and other 21ST century concerns, it is evident that the future is as unpredictable as the creatures he has invented and the world that they inhabit. It is the condition of not knowing that makes his work so appealingly bizarre.

Chenco (Simón Gómez Ruiz)

Nació en Cartagena, Colombia. Carol Damián crítica de arte dice: "A lo largo de los años, las pinturas vibrantes de Chenco han demostrado una visión personal repleta de referencias mundanas y de una sensibilidad barroca que revelan sus experiencias y puntos de vista sobre la vida, a menudo adoptando una perspectiva muy extraña. Estas obras exploran las idiosincrasias de la humanidad, desde el reino de las antiguas leyendas y de la sabiduría popular hasta comentarios radicales sobre asuntos contemporáneos. Chenco ha inventado un idioma de símbolos que es a la vez inquietante e ingenioso por la ironía de su contenido y la universalidad de sus percepciones. Moscas surgen de las bocas de sus personajes y libélulas se materializan de la nada. Chenco fragmenta el cuerpo humano en criaturas que resultan parecidas a marionetas por la carencia de la capacidad de raciocinio para lidiar con su propia realidad. En su condición ignota lo que hace que su obra sea tan encantadoramente excéntrica.

Chiu José

Born in Guanabacoa, Province of Havana, Cuba. Graduate at San Alejandro National Academy of Fine Arts (1971-1975), and taught drawing and painting for several years at the Jose Marti Institute at Rancho Boyeros. His work has been enthusiastically received by collectors in different galleries. The work of Jose Chiu uses traditional customs and folklore as a resource for subject wherein he seeks to identify archetypes or actual picturesque characters. Some are specific, such as the Lottery Vendor, although his work also excels in depicting scenes of Coc fights, a Comparsa, a Dancing Couple and others.. J.E.V.

José Chiu

Nació en Guanabacoa, provincia de La Habana, Cuba. Graduado de la Academia Nacional de Bellas Artes de San Alejandro, (1971-1975). Enseñó dibujo y pintura por varios años en el Instituto José Martí en Rancho Boyeros. En sus trabajos profundiza en las costumbres, tradiciones y el folclore como fuente para sus temas con los que busca la identificación de arquetipos o de caracteres pintorescos. Algunos temas son bien específicos, como el Billetero, aunque su obra también capta peleas de gallos, una comparsa, o una pareja bailando y otras. J.E.A

Cohen Espinoza José

He was born on February 21, 1953 in Carmen de Bolívar. He is a Master of Fine Arts at the SCHOOL OF FINE ARTS U of the ATLANTIC and the ART INSTITUTE OF CHICAGO, ILLINOIS USA. His painting focuses on capturing the landscapes and color of the Montes de Maria.

José Cohen Espinoza

Nació el 21 de febrero de 1953 en Carmen de Bolívar. Maestro en artes plasticas de la ESCUELA de BELLAS ARTES U del ATLANTICO y del ART INSTITUTE OF CHICAGO ,ILLINOIS USA. Su pintura se centra en captar los paisajes y el color de los Montes de Maria.

D

De la Portilla Oscar

(Villa Clara, Cuba). "De la Portilla is a" versatile creator from Villa Clara who has a recognized career characterized by the excellence of his work in any of the manifestations that he practices. This artist acknowledges that the Special Period turned him into a craftsman, beginning with goldsmithing his long struggle in which he has gone through sculpture, painting, ceramics, interior design until reaching textiles, of which he confesses: fell in love He has a degree in Economics "and everything I am, all my craftsmanship and my learning I owe to the Special Period. He started his artistic career in the 1980s, using textile art and fashion design as a form of expression. In 1997 and 1998 he began painting on fabrics, designing fashion and was selected to present his works to Pope John Paul II during his visit to the island.

Oscar de la Portilla

(Villa Clara, Cuba, 1955). El acta "De la Portilla es un "versátil creador villaclareño que posee una reconocida trayectoria caracterizada por la excelencia de sus trabajos en cualquiera de las manifestaciones que practique".
Este artista reconoce que el Periodo Especial lo convirtió en artesano, comenzando por la orfebrería su largo bregar en el que ha transitado por la escultura, la pintura, la cerámica, el diseño de interiores hasta llegar a los textiles, de los que confiesa: se enamoró. Es licenciado en Economía "y todo lo que soy, toda mi labor artesanal y mi aprendizaje se los debo al Período Especial. Inició su carrera artística en la década de 1980, utilizando el arte textil y el diseño de moda como forma de expresión. En 1997 y 1998 comenzó a pintar sobre telas, a diseñar moda y fue seleccionado para presentar sus obras al Papa Juan Pablo II durante su visita a la isla.

Daza Álvaro

(Valledupar, Colombia 1950). An artist of his time, earning great recognition local and internationally, not only for his work , but also because he is his greatest promoter, generating an unmistakable style that allows anyone who sees his work to assert that the magic inventions are no one else´s but Daza's master pieces. His work are explosions of color that seems to emerge from magic landscape that he also paints, colors that grow and mature like his trees, which hide beneath their bushes abstracts and sculptures , the fruits of a masterly expressionism. Daza works in mixed-media, landscape, modern, painting, abstract, and sculpture.

Álvaro Daza

(Valledupar, Colombia 1950). Un artista de su época, ganando un gran reconocimiento a nivel local e internacional, no solo por su trabajo, sino también porque es su mayor promotor, generando un estilo inconfundible que permite a cualquiera que vea su obra afirmar que los inventos mágicos no son de nadie más que de las piezas maestras de Daza. Su obra son explosiones de color que parece emerger del paisaje mágico que también pinta, colores que crecen y maduran como sus árboles, que esconden bajo sus arbustos abstractos y esculturas, fruto de un expresionismo magistral. Daza trabaja en técnicas mixtas, paisaje, moderno, pintura, abstracto y escultura.

Donat Alberto

Born in Las Villas, Cuba. After many years of searching, Donat introduced us to a new concept with "Aerial Views", his last serie. Derived from the gathering of geographical images viewed from an aerial plane of a terrestrial portion, that transferred to the canvas gives an illusion of a bird's eye view. The work, executed in mixed media in earth tones with touches of color to enrich the piece, is complemented with white finishes to give the impression of clouds and lights. Each piece starts with the visual interpretation of cartographic square, which is transformed, into a free abstract concept and it's given the title of the portion of the map where it belongs.

Alberto Donat

Nació en Las Villas, Cuba. Después de muchos años de investigación, este artista nos introduce hacia un nuevo concepto de la pintura. Algunas de sus obras están ubicadas dentro de un estilo surrealista de influencia africana. Su última serie "Visiones Aéreas", basadas en la compilación de imágenes geográficas vistas desde un plano aéreo, transfieren al lienzo la ilusión de una vista a vuelo de pájaro..

Daza Fernando

(Santiago de Chile 1930).Studied at the University of Bellas Artes of Chile. Is one of the most important muralist painters of his time. He painted a mural devoted to the Chilean poet Gabriela Mistral who was awarded the Nobel Prize for Literature in 1945. He painted another great mural, "La Busqueda", dedicated to mankind. This mural is extends for 200 meters. During his time in Venezuela he painted two murals, "Las Tres Caras de América Latina" and "Sueño Bolivariano". In Miami he painted "La Leyenda del Hombre", Gettisburg Surreal", Anatomía Física de un país Latinoamericano", "El Tercer Mundo" and "El Neófito"..

Fernando Daza

Nació en Santiago de Chile en 1930. Estudió en la Facultad de Bellas Artes de la Universidad de Chile. Es el más importante pintor muralista chileno. Autor del mural dedicado a la poetiza chilena Gabriela Mistral, premio Nobel de Literatura en 1945. Creador de otro gran mural dedicado al Hombre llamado "La Búsqueda". De superficie para la Gran Logie de Chile en la capital chilena. Durante su estadía en Venezuela crea el mural "Las Tres Caras de América Latina" y el "Sueño Bolivariano." En Miami ha exhibido "La leyenda del Hombre", "Gettisburg Surreal", "Anatomía Física de un país Latinoamericano", "El Tercer mundo", y "El Neófito." Sus obras están en colecciones particulares en Argentina, Brasil, Canadá, España, Venezuela. Ha sido invitado a exponer en el museo de Bellas Artes y el Museo de Artes Decorativas de Santiago. En 1996 fue invitado a exponer parte de su obra en la Real Academia de Bellas Artes San Fernando en Madrid. Su obra se ubica dentro de un vigoroso expresionismo surrealista.

Dopico Lerner Vicente

(Havana, Cuba). Bachelor of Art degree from St.Thomas University' in Miami, Florida. In 1976, from the same University, Dopico Lerner obtained his Master of Science degree and studied visual arts, watercolors, drawing, painting and design at the Art Student League of New York, Florida Atlantic University, and Miami Dade Community College. His work is an exercise of pictorial reason, which inquires into the symbolism of dreams. The first thing that impresses about the work of Dopico is his skills in the treatment of light: it creates an appearances of volume, distributing itself in the painting, and inciting a dramatic effect on its own. This pictorial usage of light is linked to the construction of a multicenter space in which anthropomorphic figures, mechanical elements and invented zoological species are accumulated and combined, reminding us about the appearance of dreams.

Vicente Dopico Lerner

(Habana, Cuba). Estudió Artes en La Universidad de St. Thomas de Miami, Florida en 1974. En 1976, en la misma universidad, obtuvo un Master en Ciencias. Estudió artes visuales, acuarela, dibujo, pintura y diseño en el Art Student League of New York", Miami Dade Community College, Florida Atlantic University y Florida International University. Su obra es un ejercicio de la razón pictórica que indaga en la simbología del sueño. En sus trabajos le da un tratamiento de la luz para crear apariencias de volumen con un efecto dramático.

Franco Nelson

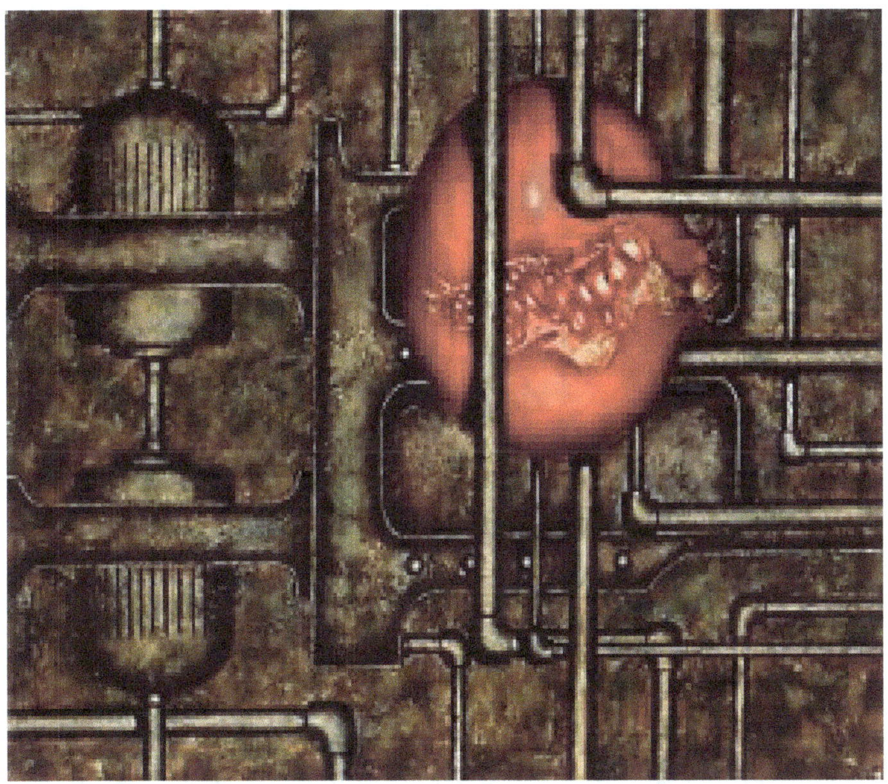

Cienfuegos, Cuba 1948. Studied in Havana's San Alejandro Academy of Fine Arts. In 1969 he worked on a mural with Rene Portocarrero. In 1973 he worked with Julio Le Parc. He went to Caracas. "Works by Nelson Franco have a fundamental character that solves pictorial resolution as an entity conceived within the rectangle. His knowledge of classical painting place him at the core of post-Modernism that links the discoveries of the 20th century with the archetypes of Antiquity", said Luis Lastra, art critic.

Franco Nelson

Cienfuegos, Cuba 1948. Estudió en la Academia de San Alejandro. En 1969 realizó un mural junto con René Portocarrero y en 1973 trabajó junto con Julio Le Parc. A propósito de su obra, el crítico de arte Luis Lastra dice: "Los trabajos de Nelson Franco se caracterizan por resolverse pictóricamente como una entidad que no recurre al rectángulo. Su aproximación humanística, su intensa introspección y su conocimiento de la pintura clásica, lo colocan en un post-modernismo que une los logros del siglo veinte con los arquetipos de la antigüedad.

Franco Gómez Patricia

(Cartagena, Colombia). ARTIST'S STATEMENT: I am a realistic artist painter and uses traditional materials like canvas or wood, oils, acrylic, brushes, palette knives.I am the wife of an artist and mother of artists. I graduated from Keiser University in Arts, Graphic Design in Computers and Illustration. Also graduated as a Web Developer and Multimedia from McFatter Technical College. I trained for several years with Master Abdón Romero at the Romero-Hidalgo Artist's Studio in Miamiand constantly attends seminars and continues my studies of the great master's techniques.In Colombia, I attended Cecilia Porras' atelier and Enrique Grau's studio.

Patricia Franco – Gomez

(Cartagena, Colombia). DECLARACIÓN DEL ARTISTA: Soy una artista pintora realista y uso materiales tradicionales como lienzo o madera, óleos, acrílicos, pinceles, espátulas. Soy esposa de un artista pintor y madre de artistas. Me gradué en la Universidad de Keiser en Artes, Diseño Gráfico en Computadoras e Ilustración. También me gradué como Desarrolladorade páginas Web y Multimedia en Mc Fatter Technical College. También estudié durante varios años con el Maestro Abdón Romero en el Romero-Hidalgo Artist's Studio en Miami y constantemente asisto a seminarios y continúo mis estudios de las técnicas delos grandes maestros. En Colombia asistí al atelier de Cecilia Porras y al estudio de Enrique Grau.

Ferrer Ivonne

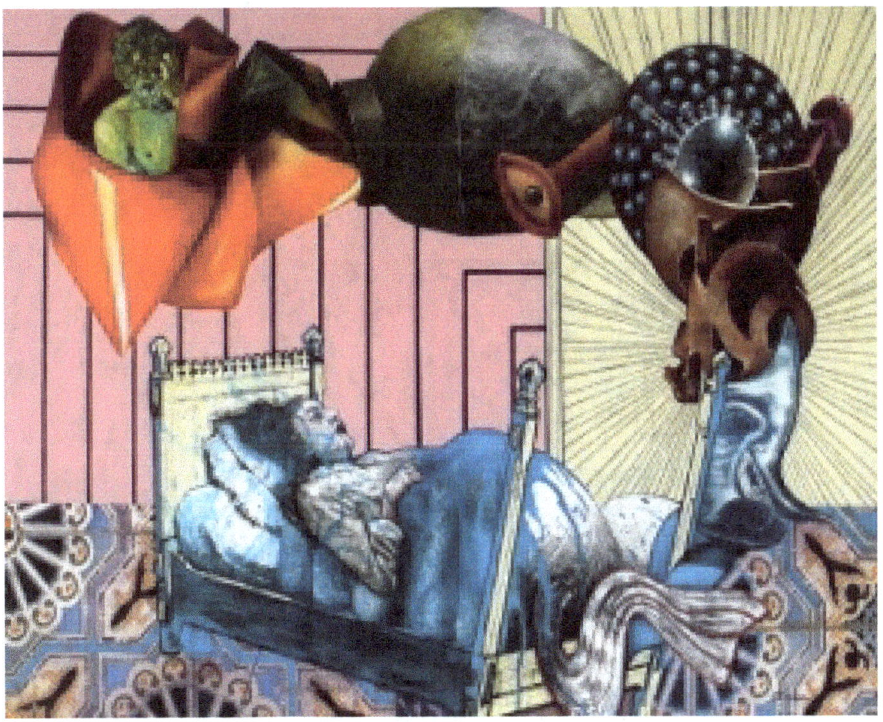

(Santos Suarez, Havana, Cuba 1968). Attends Academia San Aledandro, where she graduates in 1987. Since 1988, she works in the City of Havana Museum as a curator. Two years later, she joins the Art Workshop Rene Portocarrero of the Cuban fund of Cultural Property, until she leaves the island in 1990 and makes her home in Madrid, Spain. There, in addition to develop her own work, she recelves a contract to join the mural paint team of Flora Van Oppenhein, and also works as restorer of Cuban and international painting and sculpture. In 1995, she comes to live in Miami.

Ferrer Ivonne

(Santos Suárez, La Habana, Cuba, 1968). En la Academia San Alejandro se graduó en l987. Desde 1988 trabaja como conservadora en el Museo de la Ciudad de La Habana. Dos años después pasa a formar parte de la nómina del Taller Artístico René Portocarrero del Fondo Cubano de Bienes Culturales. En l990 abandona la isla y se establece en Madrid, España. Allí además de desarrollar su propia obra, es contratada para integrar el equipo de pintura mural de Flora Van Oppenhein. También labora como restauradora de pintura y escultura cubana e internacional. En 1995 fija su residencia en la ciudad de Miami, USA.

G

Galleti Lia

Havana, Cuba, 1943, Lia Galletti is a painter and printmaker, known for her abstract expressionist work. She moved to New York City in 1960, where she finished her education and started to paint and exhibit her work in New York's Greenwich Village and other venues on the east coast. She studied Etching at the Metropolitan Museum Printmaking Workshop, Coral Gables, FL. Her work has sold at Sotheby's New York. "Energy runs through her surfaces like electricity through wires. These paintings grab the spectator by the lapels, and through our eyes fill us with the dynamic breath of life." Alejandro Anreus William Paterson University, 2021 Contacto 2889 SW 69th Ct Miami, Fla. 33155, Tel 239 464 50 28, liagalleti@me.com

Galleti Lia

La Habana, Cuba, 1943, Lia Galletti es una pintora y grabadora conocida por su trabajo expresionista abstracto. Se transladó a la ciudad de Nueva York en 1960, donde terminó su educación y comenzó a pintar y exhibir su trabajo en el Greenwich Village de Nueva York y otros lugares en la costa este. Estudió Grabado en el Taller de Grabado del Museo Metropolitano, Coral Gables, FL. Su trabajo se ha vendido en Sotheby's New York. "La energía corre a través de sus superficies como la electricidad a través de cables. Estas pinturas atrapan al espectador por las solapas, y a través de nuestros ojos nos llenan con el aliento dinámico de la vida". Universidad Alejandro Anreus William Paterson, 2021
Contacto 2889 SW 69th Ct Miami, Fla. 33155, Tel 239 464 50 28, liagalleti@me.com

Gainza Agustín

(Havana, Cuba 1943). Studied at the San Alejandro School of Arts. He receive a Bachelor in Fine Art. At the University of Miami, Florida he takes Raku Techniques. One man show include, among others: National Museum of Havana (1976. At the Miami Herald Art Historian Gustavo Valdez said: "The works of Agustin Gainza are primarily the product of imagination and fancy. It is concretely rooted in an strongly reflects the artist's daily nostalgic contact with his native Cuba, its architecture, its people, its culture."

Gainza Agustín

(La Habana, Cuba 1943). Estudió en la Escuela de San Ale jandro donde recibió el título en Bellas Artes. En la Universidad de Miami, Florida tomó cursos en Técnicas Raku. Sus exposiciones individuales incluyen, entre otras: Museo Nacional de La Habana (1976). En el Miami Herald, el historiador de arte Gustavo Valdés dice sobre su obra: "La obra de Gainza es primariamente el producto de la imaginación y el capricho. Está concretamente enraizada en unos fuertes reflejos de la nostalgia diaria del artista por su Cuba natal, su arquitectura, su gente y su cultura."

Gaytón Silvio

Born in Havana, Cuba. For seven years as a young man he attended the internationally renowned "San Alejandro National School of Fine Art" in Havana. In 1965 he left his homeland and has since worked in Venezuela, Spain, Chicago and Miami. His commercial and serious work has appeared in numerous shows and exhibits, where it has invariably been warmly received. He presently lives and works in Miami, Florida.

Gaytón Silvio

Nació en La Habana, Cuba. De joven asistió a la Escuela Nacional de Artes Plásticas San Alejandro. En 1965 abandona Cuba para continuar sus actividades profesionales en Venezuela, España, Chicago y Miami, donde actualmente reside y desempeña sus labores artísticas. Sus trabajos gráficos comerciales y obras artísticas se han exhibido en numerosas galerías y exposiciones, habiendo merecido un magnífico recibimiento por parte del público y los críticos de arte.

Gomez Barros Rafael

(San ta Marta, Colombia1972). Completed early art courses at the Magdalena Cultural Institute, and later continued them in Bogota's Jorge Tadeo Lozano University. Art critic Jorge de la Fuente says about him: "Colombia's Indian world, with its cults, objects and practices become for him a pretext to reflect on the human condition. His plastic quest seeks a problematic area where man struggles with his culture, with the cosmos and with himself. In his latest painting, 'Urns', he structures its content by relating the form of the human head with aboriginal urns. All of these urnheads appear to guard secrets, but their frontal and immediate qualities kindle our hope that we may, somehow, sustain a dialogue with them in spite of their empty eyes and gagged mouths, or understand what lies outside of urns still to be discovered, perhaps the only way to understand our intimate links between images and spectators, or better still, to grasp our collective historical sense."

Rafael Gómez Barros

(Santa Marta, Colombia 1972). Cursó estudios de arte en el Instituto de Cultura del Magdalena. Se graduó en Arte e la Universidad Jorge Tadeo Lozano. "El mundo indígena colombiano, sus cultos, sus objetos y sus prácticas rituales se convierten en un pretexto para reflexionar sobre la condición humana. Su propuesta plástica plantea una problemática donde tienen lugar las relaciones del hombre con su cultura, con el cosmos y consigo mismo. En su última obra "Urnas", la expresividad del trabajo se estructura a partir de la vinculación entre la forma de la cabeza humana y las urnas aborígenes. Todas éstas cabezas-urnas parecen guardar sus secretos, pero su frontalidad e inmediatez nos hace abrigar la esperanza de establecer con estos seres una forma de comunicación: como un diálogo que, sin embargo, se hace posible ante los ojos vacíos o las bocas amordazadas de los rostros, o como si fuera posible entender lo que hay fuera de esas vasijas aún no descubiertas; sería la única manera de comenzar a entender los lazos que unen la historia íntima de las figuras y de los espectadores o, mejor, el sentido de la historia de todos", afirma el crítico Jorge de la Fuente.

Gonzalez Korets Russlan

(Havana, Cuba 1998). Graduated from the School of Art Instructors and a graduate in Psychology, he says that "I paint everything that is related to the Cuban. I never lack the muse, because wherever you look this country has a lot to tell. I rely on popular phrases and jokes from other times, which I incorporate with current and fully valid elements that can be seen in the psychosocial composition of the characters." Contrary to the rigid conception of the naif as an expression inherent to empirical artists, he has discovered, in the areas of popular art, a universe of possibilities where he can escape from formal requirements, create in freedom and find himself.

Ruslán González Korets

(Habana, Cuba 1998). Graduado de la Escuela de Instructores de Arte y licenciado en Psicología, dice que "Pinto todo lo que se relacione con el cubano. Nunca me falta la musa, porque a donde mires este país tiene mucho qué contar. Me apoyo en frases populares y dicharachos de otras épocas, los cuales incorporo con elementos actuales y de plena vigencia que se avistan en la composición psicosocial de los personajes." Contrario a la concepción rígida del naif como expresión inherente a artistas empíricos, él ha descubierto, en las zonas del arte popular, un universo de posibilidades donde escapar de las exigencias formales, crear en libertad y encontrarse a sí mismo.

Gómez Hurtado Álvaro

(Bogotá, Colombia 1919-1995). Álvaro Gómez Hurtado was a Colombian lawyer, politician, diplomat, journalist, painter, professor, writer, and thinker. He is considered one of the most influential men in Colombia in the 20th century and throughout his history. He was assassinated by the mafia structures made up for the government, the high military commanders, drug traffickers and narcos financial groups that today control Colombia.

Álvaro Gómez Hurtado

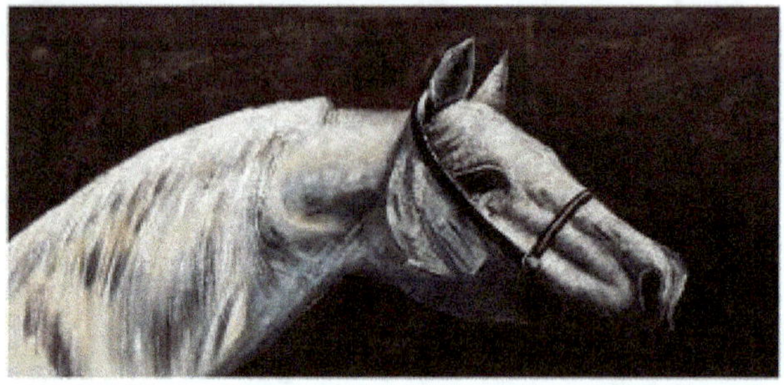

(Bogotá, Colombia 1919-1995). Álvaro Gómez Hurtado fue un abogado, político, diplomático, periodista, pintor, catedrático, escritor y pensador colombiano. Considerado como uno de los hombres más influyentes de Colombia en el siglo XX y en toda su historia fue asesinado por las estructuras mafiosas conformadas por el gobierno, los altos mandos militares, el narcotráfico y los grupos financieros que hoy controlan a Colombia.

Guayasamín Osvaldo

(Quito, Ecuador 1919 – Baltimore USA, 1999). Studied at School of Fine Arts in Quito, received the title of Painter and Sculptor in 1941. In 1942 he made this first exhibition in Quito, which caused a great scandal due to its marked character of social denunciation. Shortly afterwards he moved to Mexico, where he worked for a few months with the great muralist Orozco. At the beginning of the 1940s he befriended Pablo Neruda and made a long trip to Chile, Peru, Argentina, Bolivia and Uruguay, during which he took notes for his great series Huacayñán ("The Way of Crying. Guayasamín combined the strength of indigenous themes with the achievements of the avant-garde at the beginning of the century, especially Cubism and Expressionism, elements that can be seen in the Venetian glass mosaic mural called Homenaje al Hombre Americano, which he made in 1954 for the Simón Bolívar Center in the city of Caracas, Venezuela. In 1957 he received the Best South American Painter Prize, awarded by the São Paulo Biennial, Brazil.

Guayasamín Osvaldo

(Quito, Ecuador 1919 – Baltimore USA, 1999). Estudió en la Escuela de Bellas Artes de Quito, en la que recibió el título de Pintor y Escultor en 1941. Poco después se trasladó a México, donde trabajó con el gran muralista Orozco. A comienzos de la década de 1940 trabó amistad con Pablo Neruda y realizó un largo viaje por Chile, Perú, Argentina, Bolivia y Uruguay, durante el cual tomó apuntes para su gran serie Huacayñán ("El camino del llanto"), compuesta por más de cien telas que giran en torno a la temática del indígena, el negro y el mestizo en América. Este trascendental trabajo fue expuesto por primera vez en 1952, en el Museo de Arte Colonial de Quito en la Unión Panamericana de Washington y en la III Bienal Hispanoamericana de Arte, realizada en Barcelona (España), que le concedió el Gran Premio de Pintura. Guayasamín aunó la fuerza de la temática indígena con los logros de las vanguardias de principios de siglo, especialmente el cubismo y el expresionismo, elementos que se advierten en el mural en mosaico de cristal veneciano denominado Homenaje al Hombre Americano, que realizó en 1954 para el Centro Simón Bolívar de la ciudad de Caracas, Venezuela. En 1957 recibió el Premio Mejor Pintor de Sudamérica, concedido por la Bienal de São Paulo, Brasil.

Gómez Víctor

(Havana, Cuba 1944) Painter and engraver who demonstrates with his works that both plastic techniques can coexist. In 1987 he founded the Miami-Press engraving workshop in Miami. He is a graduate of the San Alejandro School of Art in Havana. "I think," he says, "that I have never stopped being a painter to be an engraver, both have coexisted while I venture into the two techniques. Now, monotype has given me a great learning in the formal technical order, as well as it offers me more personal promotion in important events worldwide in places where I have participated such as Japan, China, Taiwan, Korea and of course also in Europe, Poland, Spain, the Netherlands, Yugoslavia, and other countries." He arrived in Miami because of the Mariel exodus. "The Mariel for me was as it was called: a bridge. A bridge by which I became a man and an independent artist, and allowed me to bring my daughter, my mother and my father to a world according to how I see it. Mariel was a milestone in my life, she set a pattern, she gave me my freedom."

Gómez Víctor

(Habana, Cuba 1944) Pintor y grabador que demuestra con sus obras que ambas técnicas plásticas pueden convivir. En 1987 fundó el taller de grabado Miami-Press en Miami. Es graduado de la Escuela de Arte de San Alejandro de La Habana. "Pienso –dice- que nunca he dejado de ser pintor para ser grabador, ambos han coexistido mientras incursiono en las dos técnicas. Ahora bien, la monotipia me ha brindado un gran aprendizaje en el orden técnico formal, así como me ofrece más promoción personal en los eventos importantes a nivel mundial en lugares en lo que he participado como Japón, China, Taiwán, Corea y por supuesto también en Europa, Polonia, España, Países Bajos, Yugoeslavia, y otros países." Llegó a Miami por el éxodo del Mariel. "El Mariel para mí fue tal como se denominó: un puente. Un puente por el cual pasé a ser un hombre y un artista independiente, y me permitió traer a mi hija, mi madre y mi padre a un mundo acorde como lo veo. Mariel fue un hito en mi vida, trazó una pauta, me propició mi libertad".

Gonzalez Sanchez Felix

(Havana, Cuba 1954) Graduate of the San Alejandro National Academy of Fine Arts (1971-1975). He taught drawing and painting several years at the Institute Ruben Martínez Villena, in Rancho. His work has been received enthusiastically by collectors in local galleries and events. His works presents scenes of social commentary or Cuban customs, reflecting his serious intent as an artist. However we are first impacted by his brilliant colorizations and intrinsic good humor. In his search of an aesthetic means for traditional folkloric themes, Gonzalez Sanchez's personal symbols and formats come together in rustic tableaus that illustrate daily instances of universal appeal. J .E.A.

González Sánchez Félix

(Havana, Cuba 1954). Ggraduado de la Academia Nacional de San Alejandro (1971-1975) en La Habana, Cuba. Fue profesor de arte del Instituto Rubén Martínez Villena, en Rancho Boyeros. Ha realizado varias exposiciones individuales y en Su obra presenta en cada composición una estampa costumbrista. No obstante, lo que primero que impacta a nuestra vista son su brillante colorido y su intrínseco buen humor. Buscan una comunicación estética de escenas o intereses de sentido costumbrista a través de símbolos y formas personales. Félix González Sánchez concibe retablos rústicos que ilustran valores cotidianos de sentido universal. J.E.A.

Gutierrez Edín

Born Santa Clara, Cuba. Studied in the San Alejandro Academy of Fine Arts in Havana. He was a high school drawing professor in Havana, and a Graphic Illustrator in the Tourism Institute. He is a specialist in restorations. In his paintings, in which colors are magnified by the relief of solid textures, the artist seeks to capture an intact city. At the same time, he alludes to the senses which get confused and awaken in the viewer the temptation of touching the wall, the secular door, the vestibule of aristocratic houses, which still keep its secrets. Another topic in Edin's work is that or religious subjects.

Gutiérrez Edín

Nació en Santa Clara, Cuba. Sus temas aluden a la arquitectura de las ciudades coloniales cubanas. Cada uno de sus cuadros es una conjugación de acciones del pasado en donde combina sólidas texturas, relieves y bordes dorados en busca de volúmenes; una perspectiva que consigue involucrar al espectador en su protagonismo efectista. Sus temas captan la catedral de La Habana, los balcones coloniales, los portales y las arcadas, las calles estrechas, las mansiones señoriales, los patios interiores, las escaleras y los vitrales.

Guzmán Tafur Juan

(Neiva-Huila, Colombia 1.974). He studied bronze casting with lost wax in the sculptural workshop of Emiro Garzón in 1992. Artistic and anatomical drawing with the master Carlos Rodríguez Arango, structure and composition of the human figure with the master Francisco Perea at the National University in 1994. From 1993 to 1996 he studied bronze casting techniques with maestro Rafael Franco. Movement, harmony, volume, expression and balance are a constant in the work of this young sculptor. A good handling of the figure, modeling and texture that can be seen in his works, make this artist a magnificent sculptor.

Guzmán Tafur Juan D

(Neiva, Huila, Colombia 1974. Estudió fundición en bronce a la cera perdida en el taller escultórico de Emiro Garzón en 1992. Dibujo artístico y anatómico con el maestro Carlos Rodríguez Arango, estructura y composición de la figura humana con el maestro Francisco Perea en la Universidad Nacional en 1994. De 1993 a 1996 estudió técnicas de fundición en bronce con el maestro Rafael Franco. El movimiento, la armonía, el volumen, la expresión y el equilibrio son una constante en la obra de este joven escultor. Un buen manejo de la figura, el modelado y la textura que se aprecian en sus obras, hacen de este artista un magnífico escultor.

H

Herrera Carmen

(Santiago, Dominican Republic in 1963). Her work reflects the fact that she possesses a spiritual and sentimental vision that tears away at one's senses and endows the act of aesthetic contemplation with illusion. She is a natural intuitive that knows how to draw the landscapes that hide behind the faces and bodies of the beings that surround her; she gathers from them a rich bounty of experience that, once formed upon her canvas, casts it into a new, existential dimension.

Herrera Carmen

(Santiago, República Dominicana, 1963). Refleja en sus obras que es dueña de una visión sentimental y espiritual que arrebata los sentidos y colma de ilusión la contemplación estética. Es una intuitiva natural que sabe dibujar el paisaje que se oculta en los rostros y en los cuerpos de los seres que la rodean, de ellos saca una rica experiencia que al plasmarla en sus lienzos le da una nueva dimensión vivencial. Su plasticidad se conjuga con un eterno fluir en una búsqueda incesante de lo corpóreo en extraña sinfonía con la musicalidad de sus líneas y tonalidades. Busca lo bello, lo alto y lo de mas allá a la simple visión del día.

Hidalgo Javier

(Venezuela 1967). He studied graphic design, sculpture, acrylic painting and metallic etching. He received the "Luis Alfredo Lopez Mendez" award in the IX Art Exhibition, Caracas, 1994; and the special award in the "Primer Salon de las Parroquias del Norte", Caracas, 1995.

Javier Hidalgo

(Venezuela 1967). Realizó estudios de diseño gráfico, grabado, escultura y pintura en Caracas, Venezuela. Premios: En 1995, mención, Fundarte, Caracas, Venezuela. En 1994, mención especial, IX   Salón de Pintura "Luis Alfredo López Méndez", Caracas. Exposiciones colectivas: En 1998 "Gestuales", Galería de Artes Visuales Emerio Dario Lunar, Maracaibo, Venezuela. Su obra se afirma en el expresionismo neofigurativo. En su búsqueda personal, línea y color se entretejen en un juego simbólico donde lo lúdico y lo cotidiano abren paso a una nueva propuesta original cargada de lirismo y espontaneidad.

Hernández Pedro

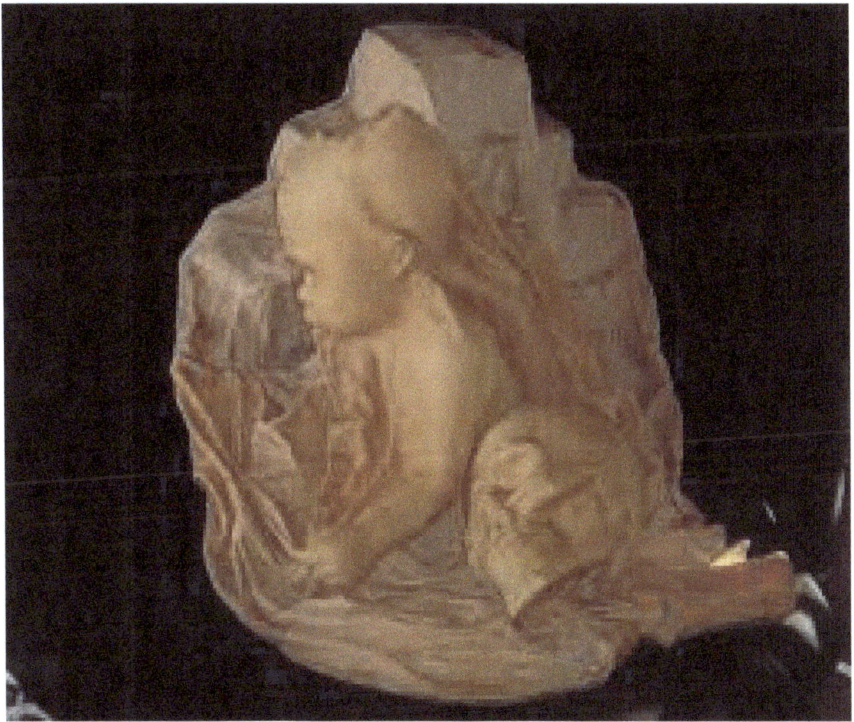

Born in Havana, Cuba in 1940. His work is a continuos search for representation of sensu ous organic elements where movement is always present. He appro aches the working material directly and that life latent whiting it, communicates possibilities and new directions with each cut until a dialoque takes placc. The forms are pleasing to the cye but the full valve of his mystery is the continuity of sinuous lines through volumes and recesses.

Hernández Pedro

Nació en La Habana, Cuba en 1940. Su obra es una incesante búsqueda de representaciones de elementos orgánicos sensuales donde el movimiento está siempre presente. Trabaja en forma directa la vida latente dentro de la materia y le comunica en cada corte una posibilidad, una nueva dirección hasta que se establece un díalogo. Las formas son agradables a la vista pero el valor de su maestría consiste en la continuidad de líneas sinuosas a través de prominencias y hendiduras.

Iglesias Vladimir

Matanzas, Cuba, 1964. Degree in Plastic Education at the Enrique José Varona Pedagogical Institute in Havana, Cuba. He is a member of the UNEAC (National Union of Cuban Writers and Artists). Since 1989 he has held exhibitions in various cities in Cuba, France, Palma de Mallorca, Spain; Copenhagen, Denmark; Nicaragua; Mexico; Cuban Embassy in Cyprus; also Neiva and Armenia in Colombia and in the city of Panamá.
Awards and Mentions: 1987.- First Prize for Painting. Room FEU-ISP Enrique José Varona. 1993.- Mention in The Tercentennial Hall of the City. Matanzas.

Vladimir Iglesias

Matanzas, Cuba, 1964. Licenciado en Educación Plástica en el Instituto Pedagógico Enrique José Varona de la Habana, Cuba. Es miembro de la UNEAC (Unión Nacional de Escritores y Artistas Cubanos. A partir de 1989 ha realizado exposiciones en diversas ciudades de Cuba, Francia, Palma de Mallorca, España, Copenhague, Dinamarca, Nicaragua, México, en la Embajada de Cuba en Chipre, en Neiva y Armenia en Colombia y en la ciudad de Panamá.
Premios y Menciones: 1987.- Primer Premio de Pintura. Salón FEU-ISP Enrique José Varona. 1993.- Mención en Salón Tricentenario de la Ciudad. Matanzas.

Larraz Julio

Born in Cuba in 1944. "Still life's lay an important role in the work of Julio Larraz and his remarkable ability to capture the nuances and textures of a variety of surfaces and objects pays homage to their historical precedents. This large composition has all the drama and grandeur of the Age of the Baroque, now transformed by luminous colors, a stunning radiance and contemporary aesthetic concerns". Aldo Menendez.

Larraz Julio

Nacido en La Habana, Cuba en 1944. Con sobriedad y elegancia, Larraz insinúa lo imaginario, lo ficticio, en lo rigurosamente perceptible. En su obra Feeding the tarpoon, por ejemplo, el espectador contempla seres, animales y cosas que admite existentes en un orden cierto, pero alterados por luces y sombras que se encargan de introducir lo insólito. AM.

León Noe

 (Ocana, Colombia 1907). He didn't want to be a shoemaker like his father, so he was a garitero, a house painter, a driver and a policeman, until he realized that he could live by painting. He began by selling door-to-door his portraits of Colombian presidents, river landscapes, and hunting scenes. Over time, he came to know the French painter Henri Rosseau, a pioneer of the naïve style, who would exert a great influence on his work. He died almost blind in 1978 in Barranquilla, surrounded by his wife Rosita Castillo and his pets, which he loved so much: eight dogs of his own and some other strays, several cats and lots of parrots.

Noe León

(Ocaña, Colombia 1907). No quiso ser zapatero como su padre, así que fue garitero, pintor de brocha gorda, chófer y policía, hasta que se dio cuenta de que podía vivir de pintar. Comenzó vendiendo de puerta en puerta sus retratos de presidentes colombianos, paisajes del río y escenas de cacería. Con el tiempo, llegó a conocer al pintor francés Henri Rosseau, pionero del estilo naíf, que ejercería una gran influencia sobre su trabajo. Murió casi ciego en 1978 en Barranquilla, rodeado por su esposa Rosita Castillo y sus animales domésticos, que tanto amó: ocho perros propios y alguno que otro callejero, varios gatos y montones de loros.

Loboguerrero Iván

Born in Colombia. He studied in the Faculty of Arts of the National University. From 1987 to 1992, he studied for his master's degree in plastic arts, specializing in painting and sculpture. He has had several international, individual and group exhibitions. "The Larraz first impression we have of the work of Lobo Guerrero, is that they seem to be an abstract composition made of rhythmic spots all along the canvas' surface. Also, within the paintings, thousand of little spots appear, with a wide range of precise and accurate colours, but a closer look discloses different figures, patiently done, some of them in the company of common objects. There are, especially, some nude figures of women, and children. At that time, the scene clearly appears, and it is impossible to go back and look at those spots anymore with no images." G.R.C.

Loboguerrero Iván

Nació en Bogotá, Colombia. Realizó sus estudios en la Facultad de Artes de la Universidad Nacional. De 1987 a 1992 hizo su maestría en artes plásticas, especializándose en pintura y escultura. Ha realizado varias exposiciones internacionales, individuaes y colectivas. "La primera impresión en la obra de Lobo-Guerrero es ver unas composiciones abstractas hechas de manchas rítmicas extendidas por las superficies de los lienzos. También aparecen follajes de varios colores bien entonados, pero una observación más cercana comienza a descubrir diferentes figuras pacientemente elaboradas, algunas acompañadas de objetos cotidianos. Hay, especialmente, personajes femeninos desnudos y niños. En ese momento la representación se impone y ya resulta imposible volver a ver pintura pura o sin imágenes. G.R.C.

Lugo Osvaldo

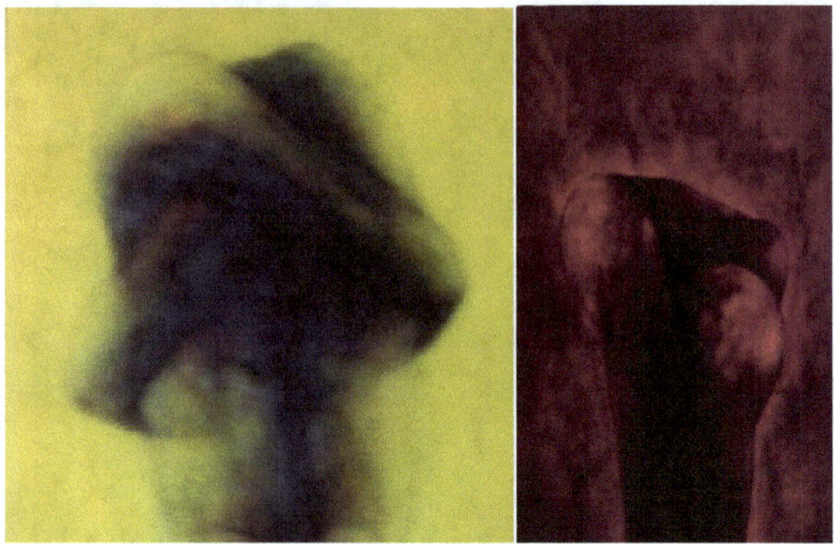

Born in Nuevitas, Cuba, in 1947.Graduated from San Alejandro National School of Fine Arts, Havana, Cuba, 1967. Lugo exercises his talents as an artist in a number of areas: recreating the evocative, transmitting sensuality, freeing a wealth of lyricism. All of these qualities are the essence of his art. The unique languages in his paintings and work on paper are derived from many personal experiences. Lugo's inner vision emerges in a direct confrontational manner. One of his recurring themes deals with the traditional interpretation of the human body, abstract elements in colors that create a feeling of emotional isolation. This isolation intertwines with a sensuality in his images which escape many social conventions.

Lugo Osvaldo

Nació en Nuevitas, Cuba en 1947. Se graduó de la Escuela Nacional de Bellas Artes de San Alejandro, La Habana, Cuba. Lugo ejerce sus talentos como un artista en un número de áreas: recreando lo evocativo, transmitiendo sensualidad, liberando un caudal de lirismo. Todas estas cualidades son la esencia de su arte. Los idiomas únicos en sus pinturas y trabajo sobre papel se derivan de varias experiencias personales. Su visión interna emerge en una manera confrontacional directa. Uno de sus temas recurrentes trata la interpretación tradicional del cuerpo humano; elementos abstractos en colores que crean un sentimiento de aislamiento emocional. Este aislamiento se entrelaza con una sensualidad en sus imágenes que escapan muchas convenciones sociales.

Luna Arnulfo

(Cartagena, Colombia 1945), Sudied Painting and Printmaking at the School of Fine Arts in Cartagena. Received a degree in Architecture from Universidad del Atlántico in Barranquilla, Colombia and traveled to Europe in 1975 on a National Scholarship to study Fine Arts. In 1976 took a drawing course at the Dalí Museum in Figueras, Spain and one in printmaking in Paris, France. Exhibited, in El Morro Gallery in, Puerto Rico, Aberbach Fine Art in London, and the Alfred Wild Gallery in Bogotá, Colombia. Participated in 2001 in the "Biennale Internazionale dell'Arte Contemporanea" in Italy.

Luna Arnulfo

Cartagena, Colombia 1945). Estudió Pintura y Grabado en la Escuela de Bellas Artes de Cartagena. Se graduó como Arquitecto en la Universidad del Atlántico, Barranquilla, Colombia. En 1975 viaja para Europa con una Beca Nacional para estudiar en Bellas Artes. En l976 hace un curso de Dibujo en el Museo Dalí de Figueras, España y Grabado, en París, Francia. Ha expuesto en La Galería El Morro de San Juan, Puerto Rico; Aberbach Fine Art de Londres; Galería Alfred Wild de Bogotá, Colombia. En el 2001 participa en la Biennale Internazionale dell'Arte Contemporanea", Italia.

M

Marais Tomás

(Amarillas, Matanzas, Cuba 1940). Studied at the St. Alexander School of Art, the University of Virginia and the Ecole de Beaux Arts, Paris. Exhibited in Brussels at Gallerle Maya with "Siete surrealistas cubanos", a cataloguc crcatcd by Jose Pierre, critic of the André Breton group. Matta hosted the second exhibition, "A Sculptor and Nine Cuban Painters" at the Gallerie St. Germain in Paris. The writer and director Gaston Dhiel invited him to participate in the "Hall of Mai".

Marais Tomás

Nació en Amarillas, Matanzas, Cuba en 1940. Estudió en la Escuela de Arte de San Alejandro, en la Universidad de Virginia y en Ecole de Beaux Arts, Paris. Expuso en Bruselas en Gallerie Maya con "Siete surrealistas cubanos", catálogo creado por Jose Pierre, crítico del grupo André Breton. Matta auspició la segunda exposición, "Un escultor y nueve pintores cubanos" en la Gallerie St. Germain en Paris. El escritor y director Gaston Dhiel lo invitó a participar en el "Salón de Mai".

Mock Brian

(Portland, Oregon, USA). "Giving old, everyday objects a new life as one sculpture is an artistically demanding, yet gratifying, process. My work is designed to emphasize resourcefulness and encourage viewer engagement. Audience reactions fuel my creativity and help me bring my visions to life", he said. Brian's work can be seen in galleries from New York to Maui, in public spaces, and in several publications- including two art books. His sculptures have been purchased by a number of luxury hotels across the country, by countless international collectors, and by "Ripley's Believe It or Not" museum. Metal evolutionist and creator of fine art sculpted from 100% recycled material. Brian grew up near Portland, Oregon. He spent his young life drawing, and much of his adult life painting and wood carving. In the late 1990's he began sculpting with recycled metal and ignited his creative passion. His self-taught welding skills have since evolved with an artistry and craftsmanship characteristic of his work.

Brian Mock

Portland, Oregón, Estados Unidos). "Dar a los objetos viejos y cotidianos una nueva vida como una escultura es un proceso artísticamente exigente, pero gratificante. Mi trabajo está diseñado para enfatizar el ingenio y fomentar la participación del espectador. Las reacciones de la audiencia alimentan mi creatividad y me ayudan a dar vida a mis visiones", dijo. El trabajo de Brian se puede ver en galerías desde Nueva York hasta Maui, en espacios públicos y en varias publicaciones, incluidos dos libros de arte. Sus esculturas han sido compradas por varios hoteles de lujo en todo el país, por innumerables coleccionistas internacionales y por el museo "Ripley's Believe It or Not". Metal evolucionista y creador de bellas artes esculpidas en material 100% reciclado. Brian creció cerca de Portland, Oregón. Pasó su joven vida dibujando, y gran parte de su vida adulta pintando y tallando madera. A finales de la década de 1990 comenzó a esculpir con metal reciclado y encendió su pasión creativa. Sus habilidades de soldadura autodidactas han evolucionado desde entonces con un personaje artístico y artesanal característicos de su trabajo.

Méndez Santos E.

(Havana, Cuba). He settled in Miami since 1962 and confesses that he decided to stay there for the rest of his life seduced by the colorful flora and the splendid sea of that Caribbean paradise. All that splendid colorful landscape transforms them in his works into true pieces of art. He has participated in numerous exhibitions and received high distinctions from different governments. .

Santos E. Mendez

(La Habana, Cuba). Se estableció en Miami desde 1962 y confiesa que decidió permanecer allí para el resto de su vida seducido por la colorida flora y el espléndoroso mar de ese paraíso del Caribe. Todo ese esplendoroso colorido paisaje los transforma en sus obras en verdaderas piezas de arte. Ha participado en numerosas exposiciones y recibido altas distinciones de diferentes gobiernos.

Morales Dario

Darío Morales studied from the age of 12 at the School of Fine Arts in Cartagena. In 1962 he entered the School of Fine Arts of the National University of Bogotá. In 1968 he traveled to Paris and studied engraving at the Atelier 17, with the British teacher Stanley William Hayter. He decided to settle permanently in Paris. He dealt primarily the nude. The sensuality of the female body was his main obsession; he treated in his paintings with a certain atmosphere of "pictorial scenery" on which the model posed. On March 21, 1988, Morales died in Paris, France ...

Darío Morales

Darío Morales estudió desde los 12 años en la Escuela de Bellas Artes de Cartagena. En 1962 ingresó a la Escuela de Bellas Artes de la Universidad Nacional de Bogotá. En 1968 viajó a París y allí estudió grabado en el Atelier 17, con el maestro británico Stanley William Hayter. Al año siguiente decide radicarse definitivamente en Paris. Se ocupó principalmente del desnudo. En 1988 muere en París.

Marino L Gustavo

(Bogotá, Colombia). Gustavo's primary interest was textile design for 7 years. He cultivated the medium of tapestries and weaving using earth tones and various types of textures to create the individual designs that have influenced his current work. In the 80's, Gustavo received his BA in Art and Communication from Jorge Tadeo Lozano University in Bogota. He was invited to participate in the Biennale Internazionale Dell' Arte Contemporanea-2001 in Firenze Italy. Carol Damian, Art Critic, says of his work: "In the richly textured paintings of L. Gustavo Marino, the search for new heroic forms based on skillful drawing and relevant content is concentrated on the human figure, forms and animals. His works have the capacity to bring old images into a new definition of painterly bravura and dynamic brushwork that captures the essence of form in action. In his revitalization of figuration, he is able to explore both formal and emotional qualities, rather than mere representation".

Marino L Gustavo

(Bogotá Colombia). Por 7 años, se mantuvo interesado principalmente en el diseño de telas, y cultivó el medio de tapicería y tejidos mediante tonos terrestres y texturas insólitas para crear los diseños individuales que aún influyen en su trabajo actual. En los años ochenta, Gustavo sacó un título en Artes y Comunicaciones de la Universidad Jorge Tadeo Lozano en Bogotá. Gustavo sigue cultivando nuevas técnicas de textura, color y composición para establecer su estilo particular. Recientemente, fue invitado a participar en el Biennale Internazionale Dell' Arte Contemporanea-2001 en Firenze, Italia. Ha exhibido su obra en varias galerías de Estados Unidos, Canadá, España, Chile, y Colombia, La crítica de artes Carol Damian comenta sobre su trabajo: "En los cuadros de ricas texturas pintados por L. Gustavo Marino la búsqueda de nuevas formas heroicas, basada en dibujos bien logrados y en un contenido relevante, se concentra en la figura humana, en formas y animales. Su obra es capaz de colmar viejas imágenes con nuevas definiciones de bravura técnica y pinceladas dinámicas que captan la esencia de la forma en acción. En su revitalización de la figuración, es capaz de explorar cualidades formales, así como emotivas, en lugar de una simple representación".

Malabet F Mario

(Barranquilla, Colombia 1963) Architect painter with more than thirty years of artistic career, his first works in watercolor with their figurative themes until he used Acrylic as a means to unfold and appropriate a unique style to show his bizarre and chaotic worlds that characterize his work, we are facing an artist in full creative boiling, which has given him success in all the exhibition halls of his country and abroad. His artistic proposal is correlated with what is happening in today's world and we are sure that it will last through the ages ...

Mario Malabet Fernández

(Barranquilla, Colombia 1963) Arquitecto pintor con mas de treinta años de trayectoria artística, sus primeros trabajos en acuarela con sus temáticas figurativas hasta llegar a utilizar el Acrílico como medio para desdoblarse y apropiarse de un estilo único de mostrar sus mundos bizarros y caóticos que caracterizan su obra, estamos ante un artista en plena ebullición creativa, que le han dado el éxito en todas las salas de exposiciones de su país y el exterior. Su propuesta plástica va correlacionada con lo que esta pasando en el mundo actual y estamos seguros que perdurara a través de los tiempos....

Mijares José

La Habana, Cuba 1921). Studied at San Alejandro National School of Fine Art in Havana, Cuba,

Jose Mijares is world renowned for his mastery of oil painting and his pioneering exploration of geometric abstraction in Cuban art of the 1950's; which let to his neo-baroque compositions developed during his exile period out of Cuba. Mijares influential career placed him in the group of Master artist like Carlos Enríquez, René Portocarrero and Cundo Bermúdez.

Mijares José

(La Habana, Cuba 1921). Estudió en la Escuela Nacional de Bellas Artes san Alejandro en La Habana, Cuba, José Mijares es mundialmente conocido por su dominio de la pintura al óleo y su exploración pionera de la abstracción geométrica en el arte cubano de la década de 1950; lo que permitió a sus composiciones neobarrocas desarrollarse durante su período de exilio fuera de Cuba. La influyente carrera de Mijares lo colocó en el grupo de artistas maestros como Carlos Enríquez, René Portocarrero y Cundo Bermúdez.

Menéndez Aldo

Born in Cienfuegos, Cuba in 1948. He took art lessons in Vienna in 1961. In 1967, he studied at the National School of Arts (ENA) in Havana. He lives in Madrid, Spain, since 1990. Menéndez has been a great promoter of contemporary Cuban painting in and outside of his country. He was Art Director of the Cuban Cultural Ministry's magazine, assistant director of the Cuban Foundation of Cultural Reality and founder of the famous atelier of artistic serigraphy, Rene Portocarrero, in Havana. In his work, Aldo has developed figuration as his means of expression, but has impregnated it with a dynamism and plasticity to reach a greater breadth. His paintings develop with photography as a precedent. The themes he touches on are wide and heterogeneous. There is however, a preoccupation for painting social issues, daily happenings which involve the society in which he lives.

Menéndez Aldo

Nacido en Cienfuegos, Cuba en 1948. Estudió en Viena y en la Escuela Nacional de Artes de La Habana. Se radicó en Madrid a partir de 1990 y vive actualmente en Miami, Florida. Además de ser un pintor consagrado de reconocimiento internacional, es además uno de los grandes promotores del arte cubano en el exterior. Fue Director de arte de la revista del Ministerio de Cultura y fundador del taller de serigrafía René Portocarrero de La Habana. En su pintura ha desarrollado la figuración como característica fundamental, pero impregnada con un dinamismo y una plasticidad que le permite alcanzar un alto nivel de expresión. Sus temas son amplios y heterogéneos. Hay sin embargo una predilección por la temática social, por los sucesos del diario transcurrir.

Molné Héctor

Born in Camaguey, Cuba 1935.Graduated from the School of Fine Arts in Camaguey.Lived in Paris, France in 1959, while continuing his studies. Hector Molne's paintings are reminiscences, evocations, deep roots that penetrate the most essential aspects of Latin American Caribbean and specifically Cuban culture. Some of his works, displays of long ago at dusk, where the murmur of cheerful voices is mixed with martial notes, cockfights, peasants with pensive or nostalgic faces, domino games with inert machetes, suckling pigs roasting under fire, while the guitar and the cuatro compete for the sounds. In essence, Molne is for Cuban painting what Proust is for literature: nostalgia's threaded with the wonder of a technique without compare.

Molné Héctor

Nacido en Camagüey, Cuba en 1935. Graduado en la Escuela de Arte de Camagüey. Vivió posteriormente en París,   donde continuó sus estudios. Sus pinturas son reminiscencias evocaciones y pasajes de   los aspectos más esenciales de la cultura latinoamericana, haciendo énfasis en el Caribe y en su tierra natal. Es uno de los pintores favoritos de los cubanos dentro y fuera de la isla. Sus obras han comenzado a subastarse en Sothebys y Christy's como consecuencia   de la gran demanda en Miami, Nueva York y otras ciudades de los Estados Unidos.

Medina Nubia

Born in Quipile, Colombia. She lives in New York City since 1989. She studied in Bogotá (Colombia) and Shanghai (China) where she won an scholarship to studied Chinese Traditional Painting. In 1998 she won a grant from the Wheeler Foundation of New York. Her most recent solo exhibitions are: "Ritual Dances" at the Arawak Gallery in Santo Domingo (Dominican Republic), June 1999 and "Ritual Dances" at the Paterson Museum in New Jersey, September 1999. Group Shows: "Latin American Painting Today" at the Museum of the Americas in San Juan (Puerto Rico), August 1999. Recent activities: Audiovisual Lecture "Drawings and Paintings of Nubia Medina" at the Museum of Natural History, New York, November 1999. Her paintings are associated with the social and historical circumstances, as well as the anthropological iconography found in our nativeAmerican civilizations. Without being literal or archeological, her most recent drawings and paintings are the product of an ongoing research documenting the magic pictographs, the ritual dances and   religious symbolism of our ancestors.

Medina Nubia

Nació en Quiplle, Colombia, vive en Nueva York desde 1989. Cursó estudios en Bogotá (Colombia) y Shanghai (China) donde obtuvo una beca para estudiar pintura tradicional china. En 1998 obtuvo una beca de la Wheeler Foundation en New York. Entre sus exposiciones individuales más recientes se cuentan "Danzas Rituales" en la Galería de Arte Arawak de Santo Domingo (República Dominicana), junio de 1999 y "Danzas Rituales" en el Museo de Paterson (Nueva Jersey), septiembre de 1999. Colectivas: "Pintura Latinoamericana de Hoy" en el Museo de las Americas, San Juan (Puerto Rico), agosto de 1999. Entre sus actividades recientes se encuentran la conferencia y video "Dibujos y Pinturas de Nubia Medina" en el Museo de Historia Natural, Nueva York, noviembre de1999.

Su pintura está asociada a circunstancias sociales e históricas como tambien a la iconografía antropológica de nuestras culturas nativas. Sin pretender ser literal o arqueológica sus más recientes dibujos y pinturas son producto de una búsqueda documentada en las pictografías mágicas, las danzas rituales y símbolos religiosos de nuestros ancestros.

Minor Flor

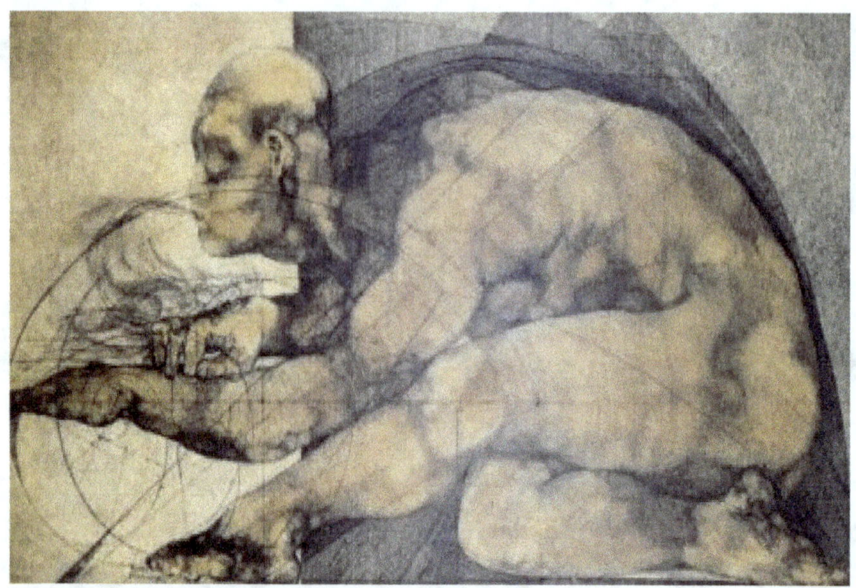

Born in Queretaro, Mexico in 1961. Since 1990, she has participated in personal and group exhibitions both in Mexico and abroad. She has taken part in the 1 Graphic Biennial, Wifredo Lam Cultural Center, Havana, Cuba; in the International Graphic Triennial, Gracovia, Poland, International Print Triennial, Kanagwa, Japan, etc. She has won several awards, being the Goya Silver Medal in the "End of Century Lithography", XI inter American Art Biennial, the most relevant of them.

Minor Flor

Nace en 1961 en la ciudad de Querétaro. Estudia escultura y grabado en la Escuela Nacional de Pintura, la Esmeralda. Su tema constante es la figura humana, de la que se ha ocupado con rigor en la observación y la representación. Su obra se ha exhibido desde 1980 de manera individual y colectiva tanto en México como en el extranjero. Ha participado en diversas bienales; I Bienal de Gráfica, Centro Wilfredo Lam, La Habana, Cuba. Trienal Interna- cional de Gráfica, Cracovia, Polonia, International Print Trienal in Kanagwa, Japón, entre otras. Ha ganado diversos premios y distinciones, entre los que se destaca: la Medalla de Plata Goya, por su participación en la XI Bienal Iberoamericana de Arte, Litografía Fin de Siglo.

Montoto Arturo

(Pinar del Río, Cuba). Studied in the Pinar del Rio Art School and the National Art School of Cuba. Received a Master's Degree in Plastic Arts from the V.I. Surkov Art Institute of Moscow. Arturo Montoto's paintings are dreams, because the oneiric character is precisely one of the facets that stands out in his work. It seems that the painter dreams and transports us to his imaginary Universe. He imposes on us a pleasant thinking exercise, an incursion into a world beyond reality.

Montoto Arturo

(Pinar del Rio, Cuba). Estudió en la Escuela de Pinar del Río y en la Escuela Nacional de Arte en Cuba. Recibió su maestría en artes plásticas en el Instituto de Arte V.I. Surkov de Moscú. Sus pinturas son sueños porque es precisamente el carácter onírico una de las facetas que resaltan en su obra. El pintor nos transporta a su universo imaginario, donde las frutas y los elementos arquitectónicos nos impone un grato ejercicio de pensamiento, una incursión de un mundo más allá de la realidad.

Mosquera Helena

(Caracas, Venezuel)a. She studied in the Institute of fine arts of Rome, Italy. In l961 in the Academy of San Fernando from Madrid, Spain and of 1966 at 1969 in the School of plastic arts "Red Cristobal" of Caracas, Venezuela. The Eva Peron Foundation selected this artist to paint a portrait of Eva Darte Perón. Her painting does not try to be a realistic description of the chosen motif, but an interpretation in which she seeks to exalt the lyrical impression suggested by color harmonies which is not conceived in representative, but essentially pictorial function.

Mosquera Helena

(Caracas, Venezuel). Estudió en el Instituto de Bellas Artes de Roma, Italia. En 1961 en la Academia de San Fernando de Madrid, España y de 1966 a 1969 en la Escuela de Artes Plásticas "Cristobal Rojas" de Caracas, Venezuela. La Fundación Eva Perón la selecionó para pintar un retrato de Eva Duarte de Perón.En el 2001 participó en el Internacional Art Expo New York.

Molina Luis

(Cuba).Graduated from San Alejandro National School of Art, and from the National Academy of Design in Havana, Cuba, Molina leads us to the magical world of afrocuban folklore and shows us the serene and proud beauty of the Cuban people. The bright colors, the firm and sure brushstrokes and the riveting beauty of his subjects fill us with immense joy and optimism. His most important personal exhibitions are "Afrocuban Views". His most important group exhibitions are "El humano y el Mito",

Molina Luis

(Cuba).Graduado de la Escuela Nacional de Arte de San Alejandro y de la Academia Nacional de Diseño en La Habana, Cuba. Entre sus exhibiciones individuales más importantes están "Afrocubans Views", Sus exposición más importantes están "El humano y el Mito" Molina nos lleva al mundo mágico del folklore afrocubano y nos muestra la serena belleza de los guajiros cubanos.

N

Niz Alejandro

(Córdoba, Argentina 1973). STUDIES: School of Fine Arts of the Faculty of Philosophy and Humanities of the National University of Córdoba. Since 2006 Plastic artist, curator and independent art consultant. 2005: Coordinator of the aesthetic survey of the Church of Los Capuchinos (Córdoba), work of Augusto Ferrari, at the request of the artist León Ferrari. From 2002 to 2005 General Coordinator and Curator of the Cultural Nucleus, a multidisciplinary space belonging to the Secretariat of Extension of the National University of Córdoba e. 2001 Member of the organizing committee, convened by the Municipality of Córdoba and the UNC, of artistic events within the framework of the inauguration of the Jesuit Block, declared a World Heritage Site by UNESCO in 2003.

Alejandro Niz

(Córdoba, Argentina 1973). ESTUDIOS: Escuela de Bellas Artes de la Facultad de Filosofía y Humanidades de la Universidad Nacional de Córdoba. Desde 2006 Artista plástico, curador y consultor de arte independiente. 2005: Coordinador del relevamiento estético de la Iglesia de Los Capuchinos (Córdoba), obra de Augusto Ferrari, a pedido del artista León Ferrari. De 2002 a 2005 Coordinador General y Curador del Núcleo Cultural, espacio multidisciplinar perteneciente a la Secretaría de Extensión de la Universidad Nacional de Córdoba y ubicado en el Pabellón Argentina de la misma. 2001 Miembro del comité organizador, convocado por la Municipalidad de Córdoba y la UNC, de eventos artísticos en el marco de la inauguración de la Manzana Jesuítica, declarada Patrimonio de la Humanidad por UNESCO en 2003.

Naranjo Orlando

Born in Havana, Cuba.Studied at the San Alejandro Academey of Fine Art. Is a painter who represents the reality of our countryside's message with authenticity. Always alert to the new figurative orientations, he fills the space with the color and lights of the tropics. He is Cuba, always Cuba.

Naranjo Orlando

Nació en La Habana, Cuba. Estudió en la Academia de San Alejandro. Traslada a su paleta el enérgico colorido y la vertiginosa transparencia de la geografía cubana. Rojos y amarillos, ocres y azules, deslumbran en sus cuadros para recordarnos el mundo de esplendores que vivimos y la sustancia vibrátil que somos. Flores y frutos, bosques y animales, mujeres y ríos, animados por la poesía y el hechizo de lo prístino, de lo incontaminado, adquieren en los lienzos de Naranjo, una seguridad que gozan de una realidad atractiva y perfecta.

Nodarse Valdés Jesús

(Sagua la grande, Cuba, 1973). Graduated from the National Academy of Fine Arts in 1996. He received training for two years at the National Center for Conservation and Museology in the specialty of restoration of easel painting 1996 / 1998. Awards 1998 First Special Prize awarded by the Academy of San Alejandro. Beach Room; Servando Cabrera Moreno Gallery. Solo exhibitions. 2011 "big girls, small girls" South border gallery. Beirut. Lebanon. 2010 "Yo el pan y tú los peses" lloy´s Register ofice Habana. 2008 "Awakening in Lebanon" South border gallery. Beirut. 2006 Expo "Exhibition for International Women's Day". Registry Office of the Cultural Property Fund. 2001 Expo "Oils and pastel". Main Gallery Hotel Meliá Habana. Sponsored by Galería Acacia. 2000 Expo "Figures". Havana Gallery, Chicago, Illinois, USA 1999 "Figures". Origins Gallery. Gran Teatro de la Habana. 1998 "The sweet pleasure of laziness". Paintings and drawings. Imago Gallery, Gran Teatro de la Habana. 1998 "Silhouettes of rest". Paintings and drawings. Visual Arts Development Center.

Jesús Nodarse Valdés

(Sagua la grande, Cuba,1973). Graduado de la Academia Nacional de Bellas Artes en 1996. Miembro del Centro Nacional de Conservación y Museología en restauración de pintura de caballete 1996/ 1998. 1998 Primer Premio otorgado por la Academia de San Alejandro. Exposiciones individuales. 2011 "big girls, small girls" Galeria South border. Beirut. libano. 2010 "Yo el pan y tú los peses" lloy´s Register ofice Habana. 2008 "Despertar en Líbano" Galería South border. Beirut. 2006 Expo "Exposición por el día internacional de la Mujer". Oficina de Registro del Fondo de Bienes Culturales. 2001 Expo "Óleos y pastel". Galería Principal Hotel Meliá Habana. Patrocinada por Galería Acacia.. 2000 Expo "Figuras". Havana Gallery, Chicago, Illinois, USA 1999 "Figuras". Galería Orígenes. Gran Teatro de la Habana. 1998 "El dulce placer de la pereza". Pinturas y dibujos. Galería Imago, Gran Teatro de la Habana. 1998 "Siluetas del reposo". Pinturas y dibujos. Centro de Desarrollo de las Artes Visuales.

1

O

Obregón Alejandro

Alejando Obregón was born in Barcelona, Spain. He was the son of a Colombian father and a Catalan mother. The Obregón family owned a textile factory in Barranquilla, Colombia. He studied fine arts in Boston for a year in 1939, then returned to Barcelona. In 1948, he became Director of the School of Fine Arts in Santafé de Bogotá, where he was influenced by the fresco style of artists Pedro Nel Gómez and Santiago Martinez Delgado. After traveling around Europe, he returned to Barranquilla in 1955/ Obregón died on April 11, 1992, succumbing to a brain tumor. He lived and worked exclusively in Cartagena for the last 22 years of his life, from 1970 until his death in 1992. His compositions are usually divided horizontally into two areas of different pictorial value or size, but of equal visual intensity.   Critic Marta Traba identified a series of characteristic elements in Obregon's work: personal poetic values; self-sufficiency in regard to reality, indeed starting from it; expressive intention; freedom of form; search for identity based on the landscape, zoology, and flora; elliptic space people by magic elements; and contempt for urban culture.

Obregón Alejandro

Obregón nació en Barcelona, España. Era hijo de padre colombiano y madre catalana. La familia Obregón era propietaria de una fábrica textil en Barranquilla, Colombia.   La mayor parte de su infancia la pasó en Barranquilla y Liverpool, Inglaterra.Estudió Bellas Artes en Boston durante un año en 1939, luego regresó a Barcelona.En 1948, se convirtió en Director de la Escuela de Bellas Artes de Santafé de Bogotá, donde fue influenciado por el estilo al fresco de los artistas Pedro Nel Gómez y Santiago Martínez Delgado.Sus composiciones suelen dividirse horizontalmente en dos áreas de diferente valor o tamaño pictórico, pero de igual intensidad visual. Otros elementos se colocan contra ellos.
La crítica Marta Traba identificó una serie de elementos característicos de la obra de Obregón: valores poéticos personales; la autosuficiencia con respecto a la realidad, incluso partiendo de ella; intención expresiva; libertad de forma; búsqueda de identidad basada en el paisaje, la zoología y la flora; personas del espacio elíptico por elementos mágicos; y desprecio por la cultura urbana.

Ordoqui Miguel

(Habana Cuba. 1944) His work is marked in the postmodern school nourished by images of well-known artists, especially from the classics, removing the characters out of the original context and placing them in compositions that distort their reality. In acrylic of grandiose color he conveys these messages that focus on angels with different ethnic features, perhaps answering to the old song that questioned the lack of black angels in the church, these angels reminiscing the numerous young men who died from AIDS.

Miguel Ordoqui

(Habana Cuba. 1944)   Su trabajo se identifica con la escuela postmoderna, alimentada por imágenes de artistas muy conocidos, especialmente de los clásicos, retirando los personajes fuera del contexto original y poniéndolos en composiciones que distorsionan la realidad. En acrílico de color grandioso, el artista transmite estos mensajes que se enfocan sobre ángeles con diferentes rasgos étnicos, tal vez respondiendo a la antigua canción que cuestionó la falta de ángeles negros en la iglesia. Estos ángeles recuerdan a la cantidad de hombres jóvenes que murieron de SIDA.

Ortiz Darío

(Ibague, Colombia 1968). From 1989 he devotes himself fully to painting. In Paris he obtains an award in the II Artistic World Art Vie. Between 1990 and 1991 he studies History and Art Appreciation in the Jorge Tadeo Lozano University; Contemporary Art with the Art Critic Juan Conto and attends Art classes at the Luis Angel Arango Library. "The technical domain of this painter leaves the viewer hypnotized with his grandiose realism and expert stroke. Combining figurative and narrative composition, he seeks inspiration from past traditions, especially in the works with Biblical themes, where historical events are introduced to the modern world. Figures immediately identified as protagonists of there- legions drama, take on modern identities with their costumes and other contemporary objects", said art critic Carol Damian.

Ortiz Darío

(Ibague, Colombia 1968). Desde 1989 se dedica por completo a la pintura. Obtiene en París el primer premio en el II Mundial Artistique Art Vie. Entre 1990 y 1991 estudia Historia y Apreciación del Arte en la Universidad Jorge Tadeo Lozano de Bogotá, y asiste a las cátedras de arte en la biblioteca Luis Angel Arango. "El extraordinario dominio técnico de este pintor deja hipnotizado al espectador con su soberbio realismo y experto trazo. En combinaciones de composición figurativas y narrativas busca inspiración en las tradiciones del pasado, especialmente en las obras de tema bíblico, donde los sucesos de la historia son introducidos al mundo contemporáneo. Figuras inmediatamente identificables como los protagonistas del drama religioso, asumen identidades modernas con sus trajes y otros objetos del presente", afirma Carol Damian.

Pardini Luis

Born in Havana, Cuba in 1945. He studied painting at the San Alejandro Academy of Fine Arts in Havana, Cuba. He also studied commercial drawing at the Diego Rivera School, ceramics at the Casa de la Cultura del Vedado, and museum studies at the Havana Museum of Fine Arts. He received Honorary Mention from the EAA Aviation Foundation Museum in Wisconsin, U.S. in 1993. His colloquial, vital painting carries the prerequisite of being explanatory of its specific evanescence, like the flight of birds, embodying all the possible poetry of a reverie-aimed yearning for humanity. He recently expose in MAC 21 (International Art Fair of Malaga, Spain).

Pardini Luis

Nacido en La Habana, Cuba en 1945. Estudió pintura en la Escuela de San Alejandro de La Habana, Cuba. También estudió dibujo comercial en la Escuela Diego Rivera y cerámica en la Casa de Cultura del Vedado. Recibió una mención honorífica de la EAA Aviation Foundation Museum de Wisconsin, U.S.A. en 1993. Su excelente trabajo pictórico se destaca no sólo por la singularidad de la técnica sino por el tratamiento del tema que se ubica dentro de la realidad y la fantasía. Recientemente expuso en MAC 21 (Feria Internacional de Málaga, España).

Peña Echemendía Lilivet

Camagüey, Cuba, 1984 Painter, illustrator, designer, medical Doctor, 15 years of career as a Plastic Artist. national and international exhibitions. Solo exhibitions. Has illustrated five books: Luna Musical, El camino de las 10 Lunas, El sueño de Sebastián y los cinco sueños de Bela, published by Editorial Raíces de Puerto Rico, and "Yo contaré tus sueños", published by Editorial Círculo Rojo de España. Among his awards are; first place, Gold in the Category "Most inspiring illustrated book for children" with the Book "Luna Musical" at the International Latino Book Awards of the United States 2021, International Illustration Award "Lunar Vision 2020" of the Dual Lunario "Onda Luna" of Mexico, Finalist Certificate of the Artist of the Year Award by Circle Foundation for the Arts in Lyon, France 2019, VI National Salon of Art in Miniatures 2013 . Represented in Italy, China and the United States. Ar7seven Gallery, Houston, United States. Mega Art Gallery, Corchiano, Italy. Galaxy Sci-Tech Modeling Consulting Exhibition Center, Beijing, China. Category: Painting, Figurative Art. Illustration. - E-mail: lily.echemendia@gmail.co

Lilivet Peña Echemendía

Camagüey, Cuba, 1984 Pintora, ilustradora, diseñadora, Médico y Artista de la Plástica con muestras Individuales y Colectivas. Ha ilustrado cinco libros: Luna Musical, El camino de las 10 Lunas, El sueño de Sebastián y los cinco sueños de Bela, publicados por la Editorial Raíces de Puerto Rico, y "Yo contaré tus sueños", publicado por la Editorial Círculo Rojo de España. Entre sus premios destacan; el Primer Lugar, Oro en la Categoría "Libro ilustrado para niños más inspirador" con el Libro "Luna Musical" en el International Latino Book Awards de Estados Unidos 2021, premio Internacional de Ilustración "Visión lunar 2020" del Lunario Dual "Onda Luna" de México, Certificado finalista del Premio Artista del Año por Circle Foundation for the Arts en Lyon, Francia 2019, Premio VI Salón Nacional de Arte en Miniaturas 2013. Su obra forma parte de colecciones en Estados Unidos, Italia, Francia y España. Afiliación Institucional, catálogos a los que pertenece: Galería Ar7seven, Houston, Estados Unidos. Mega Art Gallery, Corchiano, Italia. Galaxy Sci-Tech Modeling Consulting Exhibition Center, Beijing, China. Categoría: Pintura, Arte Figurativo. Ilustración. - E-mail: lily.echemendia@gmail.co

Pérez Ballesteros Efraín

(Sogamoso, Colombia 1935). His paintings are halfway between figurativism and impressionism. He paints landscapes and human figures using oil, acrylic, watercolor techniques as well as mixed media. Studied at Schools of Plastic Arts in Mallorca (Spain), and Art History at Madrid University (Spain). Perez Ballesteros is Honorary Member of the Boyaca Plastic and Visual Artists Association, and one of the Directors of ADEBA in Spain.

Pérez Ballesteros Efraín

(Sogamoso Colombia 1935). Pintor figurativo, impresionista. Trabaja paisaje y figura óleo, acrílico, acuarela y técnicas mixtas. Estudió en Mallorca, España, en la Escuela de Artes Plásticas de J. Munar y Pascual de Cabo; e historia del arte en la Universidad de Madrid, España, con el profesor Azcarate. Ha recibido muchos en reconocimiento a la calidad de su trabajo. Sus obras se encuentran en diversas colecciones privadas de Colombia, Europa y Estados Unidos.

Portieles Guillermo

Born in Marianao, a section of Havana, Guillermo is a graduate of the San Alejandro Academy of Art. He also studied at the Instituto Superior de Arte (ISA), from which he never graduated due to his sudden and forced departure from Cuba in 1990. He has participated in numerous exhibitions, both personal and collective. His work puts forth a conceptual aesthetic balance between the descriptive and the informal, representing a universe within the principal essence of his works. His technical mastery and dynamism endow him with the ability to reach an elevated level of visual richness, and his subjects are heterogeneous and universal.

Portieles Guillermo R

Nació en Marianao, La Habana. Es graduado de la Academia de Arte de San Alejandro. Estudió en el Instituto Superior de Arte (ISA) del cual no se gradúo debido a su súbita y forzada salida de Cuba en 1990. Ha participado en numerosas exposiciones tanto colectivas como personales. Su obra representa un equilibrio estético conceptual entre lo descriptivo y lo informal representando un universo en la esencia principal de sus obras. Su dominio técnico y dinamismo le permiten alcanzar un alto nivel de riqueza plástica, sus temas son heterogéneas y universales. H.L.

Quiroz Ana

(San Jose, Costa Rica). The watercolors and oils on porcelain by Ana Quirós impact the viewers with her expressive force and sensibility. She stamps her artwork with a seal unmistakable of her spirituality and her creations are poetically balanced. Ana's trajectory accredits her ostentatiously within the actual exponents of the best Latin American art. Ana Quirós has exhibited her artwork in over 100 locations. Themes range from still life to landscapes. The artwork is considered as figurative impressionism, although sometimes Ana has experimented with abstract themes. The artist's work is displayed and is part of private collections in businesses and museums.

Quirós Ana

Nacida en Costa Rica. Sus óleos y acuarelas impactan por su fuerza expresiva. Les pone a sus trabajos un sello de espiritualidad y balance poético que la revela como una creadora de una gran sensibilidad. Está considerada como gran exponente del arte latinoamericano. Sus temas, figurativo impresionistas, van desde el paisaje hasta el bodegón. También ha expe- rimentado con temas abstractos. Su obra hace parte de importantes colecciones y muse

Ríos Jesse

Born in Tampa, Florida, in 1948, Studied in Art Instructors School, Havana, Cuba, and National School of Cubanacan, Cuba. One of the most characteristic Cuban painters seems to bid farewell to the interior scream and the aggressive gesture to enter a world populated by phantasmagoric dreams whose internal mechanism is disemboweled at the start of a ludica action which discovers figures in stains, which tries to pinpoint with a certain realism, what is suggested by a texture and that can be condemned in fabulous beings and objects, starting from the accident of floods and the wash. A.M.

Jesse Ríos

Nació en Tampa, FL. en 1948. Estudió en la Escuela de Instrucción de Arte de La Habana, Cuba y en la Escuela Nacional de Cubanacan, Cuba. Un expresionista que se adentra en un mundo de fantasmagorías oníricas, cuya mecánica interna se desenvuelve a partir de una acción lúdica que adivina figuras en manchas; que intenta concretar con cierto naturalismo lo que sugiere una textura y que puede condensarse en seres y objetos fabulosos.

S

Sánchez Tomás

Born in Aguada de Pasajeros, Las Villas, Cuba. Studied in Havana at the San Alejandro Academy of Fine Arts. In his early days as a painter, in the early 70s, we see Tomás as an expressionist with an impressive variety of themes. A pictorial universe where the characters, from childhood memories and adult fantasy, meet in imaginary parks, public plazas, and circuses in magic of color and form where everything is possible. Nowadays, he is an exquisite landscape artist, who does not copy from nature, but who recreates a world where the main ingredients are his lived experiences and memories.

Sánchez Tomás

Nació en Aguada de Pasajeros, Las Villas, Cuba. Estudió en la Academia de San Alejandro de La Habana. En sus primeros trabajos de comienzos de la década del setenta ejecutó una diversidad de obras de corte expresionista. Un universo pictórico donde las memorias de la infancia y las fantasías del adulto se dan cita en parques imaginarios, plazas públicas y mágicos circos donde todo es posible. Hoy día es un exquisito paisajista, que no copia de la naturaleza pero si recrea un mundo donde los principales ingredientes son sus vivencias y memorias.

Sánchez José (Felox)

(Medellin, Colombia). Finished his studies at the Medellín School of Fine Arts. Studied too advertising and photography. Initially his work (at first, inspired at school) evolved toward hyperrealist art, giving a detailed attention to each component in order to imprint the personality and traits that distinguish each of the characters and objects that he creates. His works are based in the careful plan of each component, each character, each section in order to find a balance and harmony among his characters and the environment in which they are, making it even more credible, more real. He thus seeks a perfection that he will never find, but a maturity that will arrive

José Sánchez (Felox)

(Medellín, Colombia). Estudizó en la Escuela de Bellas Artes de Medellin. Su obra es hiperrealista, cuidando y elaborando cada uno de los componentes con lujo de detalle para así imprimirle la personalidad y características que distinguen a cada uno de los personajes u objetos que plasma en sus trabajos; planea y cuida cada componente, cada personaje, cada parte, para así encontrar un equilibrio y una armonía entre sus protagonistas y su entorno, haciéndolo aún todo más creíble, más real.

Segrera Laborde Clemente

Private collection of Mr. Frank Cassirer

Ciego de Ávila Cuba, March 11, 1951. Studied at the elementary school of plastic arts of Ciego de Ávila conducted by Professor Miguel Ángel Luna. Participated in numerous personal and collective exhibitions, inside and outside Cuba. Exhibited at ECLAC, at UNAM, University of Berkeley California; University of Havana; Alejandro Lipshutz Institute of Sciences; Santiago de Chile, Molina Picó Museum in Mendoza Argentina; Caixa Nova, Galicia Cohimbra Portugal Casino la Tertulia, Ponferrada; León Spain; Costa Rica; Barcelona; Washington; Tetouan, Morocco; Martinique; Dominican Republic and in France where I currently reside. His work is in various collections of art lovers in different countries in America, Asia and Europe. Auctioned in Art Price and frequently reviews in arts magazines.

Clemente Segrera Laborde

Ciego de Ávila Cuba, 11 de Marzo, 1951. Estudio en la escuela elemental de artes plásticas de Ciego de Ávila dirigida por el profesor Miguel Ángel Luna, he participado en numerosas exposiciones personales y colectivas, dentro y fuera de Cuba. Ha expuesto en la CEPAL; en La UNAM, Universidad de Berkeley California; Universidad de la Habana; Instituto de Ciencias Alejandro Lipshutz de Santiatgo de Chile Museo Molina Picó de Mendoza Argentina Caixa Nova, Galicia; Cohimbra Portugal; Casino la Tertulia de Ponferrada, León España Costa Rica; Barcelona; Washington; Tetuán, Marruecos Martinica; República Dominicana y Francia donde reside. Su obra se encuentra en diversas colecciones de amantes del arte de varios países de América, Asía y Europa; se han subastado en diversas Casas de Auction como Art Price y ha recibido reseñada por críticos como Gerardo Mosquera, Tony Piñera,Rufo Caballero y otros.

Szyszlo De Fernando

(Lima, Peru 1925). Studied architecture and later art at Limas's Escuela de Artes Plasticas, Universidad Catolica. His works are in the permanent collections of the Museum of Art of Latin America at the OAS in Washington and at the Rufino Tamayo Museum in Mexico City. Szyszlo's enigmatic, luminous paintings combined allusions to pre-Hispanic cultures with explorations of the archetypal depths of consciousness. He possesses a surrealist's sense of the drama of stark landscapes and an expressionist's passion for texture."

Szyszlo De Fernando

(Lima, Perú 1925). Estudió arquitectura y artes en la Escuela de Artes Plásticas de la Universidad Católica. Sus obras se encuentran en las colecciones permanentes de Museos de América Latina y de la OEA en Washington. También en el Museo Rufino Tamayo de México. Sus trabajos, enigmáticos y con un exquisito manejo de la luz, en ocasiones hacen alusiones a las culturas pre-hispánicas donde explora profunda y a conciencia sus arquetipos. Posee un sentido surrealista del drama de los paisajes de la naturaleza muerta y una pasión expresionista por la textura.

Sánchez Mariano

Born in Santo Domingo R.D. Began his art studies in the school of Fine Arts of San Juan de Maguana, his home town. Later, he studied in the School of Design of Altos de Chavon where he was awarded academic honors in illustration and Fine Arts. In 1987 he won a scholarship to study in the Parsons School of Design in New York. His participation in many group expositions held at famous galleries in Paris, Washington, New York, Miami Chicago, and San Juan Puerto Rico, make this Dominican one of the most sought after Contemporary artists. His work may be found in important private collections in Spain, United States, India, Great Britain, Italy, He is permanently hung in the Museo de Arte de Ponce.

Sánchez Mariano

Nacido en Santo Domingo, República Dominicana en 1958. Su pintura simila un cromatismo de ricas tonalidades, enfatizando la transparencia, el frotado y la textura con pinceles y espátulas que dan una sensación de profundidad atmosférica. En ella se percibe un manejo singular del claroscuro conjugado con los colores minerales de la tierra: ocres, verdes y amarillos en una sinfonía cromática de tonos que alternan la rigurosa severidad con una festiva interpretación de la existencia humana.

Solana Rivera Daniel

Habana, Cuba, 1965. "In the palette of Daniel Luis Solana Rivera mixtures with white proliferate, pastel tones and variety of nuances abound. He seems to want to make us live his creative process, because in the construction of his figures the movement of the brushstroke is exposed. This gives us a sense of closeness with the artist, makes us breathe a climate of intimacy, as if when painting he was confessing something to us. And maybe it is that, maybe the act of painting is for him as a confession, so in the same image he links the personal with the divine, the familiar with the fantastic. Thus, what his paintings have as a self-portrait does not leave out his physical and spiritual landscape, because a book, a cat or an angel, can coexist next to the tower of a church or the sea, that sea so everyday for him, that sea with which he lives. The sea, Daniel knows, is good for the mind, it helps to endure almost anything, it fills us with peace, it protects us, it liberates us... and so is his painting, a work at the same time very internal and very free of bitterness. It is a natural, coherent painting, without artifice... because its author does not put an extra brushstroke or a color that is not necessary." By: Ángel Alonso

Daniel Solana Rivera

Habana, Cuba, 1965. "En la paleta de Daniel Luis Solana Rivera (1965) proliferan las mezclas con el blanco, abundan los tonos apastelados y la variedad de matices. Parece querer hacernos vivir su proceso creativo, pues en la construcción de sus figuras queda al desnudo el movimiento de la pincelada. Esto nos da una sensación de cercanía con el artista, nos hace respirar un clima de intimidad, como si al pintar nos estuviera confesando algo. Y tal vez sea eso, puede que el acto de pintar sea para él como una confesión, por eso en una misma imagen enlaza lo personal con lo divino, lo familiar con lo fantástico. Así, lo que sus cuadros tienen de autorretrato no deja fuera su paisaje físico y espiritual, pues un libro, un gato o un ángel, pueden convivir junto a la torre de una iglesia o el mar, ese mar tan cotidiano para él, ese mar con el que convive. El mar -Daniel lo sabe- es bueno para la mente, ayuda a soportar casi cualquier cosa, nos llena de paz, nos protege, nos libera… y así es su pintura, una obra al mismo tiempo muy interna y muy libre de amarguras. Es una pintura natural, coherente, sin artificios… porque su autor no pone una pincelada extra ni un color que no sea necesario." Por: Ángel Alons

Turriago Posada Camilo

(Bogota, Colombia). Studied at the Jorge Tadeo Lozano University. He finished his studies in Art in Paris, France, and in Ceramics, Sculpture and Engraving at the Calvia School in Palma de Mallorca, Spain. In his paintings, light and color have a dazzling intensity, which is perhaps the reason he has chosen a naif key to carry out his themes. The spontaneous barroque style of this type of art is used intelligently. Each detail of his paintings is carried out in a meticulous manner and at the same time, with an understanding of the freedom of shapes, whlch lets imagination soar without stopping at the restrictions of logic.

Camilo Turriago Posada

(Bogotá, Colombia). Estudió en la Universidad Jorge Tadeo Lozano. Realizó sus estudios de Arte en París, Francia, y de cerámica, escultura y grabado en la Escuela de Calvia en Palma de Mallorca (España). En su pintura la luz y el color son de una intensidad deslumbrante, quizás por esto haya elegido una clave naif para la realización de sus temas. El barroquismo espontáneo de este tipo de arte es utilizado con inteligencia. Cada detalle de sus cuadros está trabajado de una manera minuciosa y a la vez con un sentido de la libertad de formas que permite a la imaginación soltar sus alas sin detenerse en las restricciones de la lógica.

Tafur Alicia

(Cali, Colombia).Studied Ceramics and Clay Sculpture at Mayor de Cundinamarca, College in Bogota. Art critic arte Francisco Gil Tovar said: "Her figurative sculptures stimulate imagination; the abstract, decorative ideas do not set apart the expressive values; although static, they convey the allusion of dynamic; although close, they allude to open spaces; although silent, they remind us the blowing of the air shaking the tails, which become apparent thanks to the slight movement. They are like the birds of an enchanted paradise created by Alicia Tafur:"

Tafur Alicia

(Cali, Colombia). Estudió cerámica y escultura en barro en el Colegio Mayor de Cundinamarca, Bogotá. Sobre su obra el crítico de arte Francisco Gil Tovar, afirma: "Su esculturas son figurativas, animan la imaginación; las ideas abstractas decorativas no eluden el valor de lo expresivo; estáticas, conllevan la alusión a lo dinámico; cerradas hacen alusión a los espacios abiertos; silentes, insinúan el silbar del aire al irrumpir en las temblorosas colas, que será real por obra del leve movimiento. Tales, las aves de un paraíso particular inventado por Alicia Tafur."

Tessarollo German

Born in Italy. "Tessarollo is an artist who came to us and fell in love with Colombia. However not of that fake Colombian in the cities, which are the same everywhere, but with that authentic homeland sung in our native music, that which vibrates both in the fury and the quiescence of our landscapes, that nobly throbbing in the soul of our peasants…Tessarollo has had the ability to capture this, and because he is an artist, he has expressed it with increasing depuration in his works using impressive force and color enriched by the bohemian flight of his fantasy". L.C.C. (Klim)

Tessarollo Germán

Nació en Italia se nacionalizó en Colombia. En su obra vemos a un artista que desde su texto pictórico toma el riesgo de hacer camino al andar, desplegarse donde otros se repliegan. Tessarolo ha tomado el riesgo de ser moderno. Moderno en esta circunstancia significa tener bagaje suficiente para poder anudar lo particular con el universo. En"el Color del Jazz" el artista nos habla de esa modernidad que tarda en insertarse en los valores de quienes en América Latina se resisten a ser tercer mundistas.N.D.V.

Tsykalov Dimitri

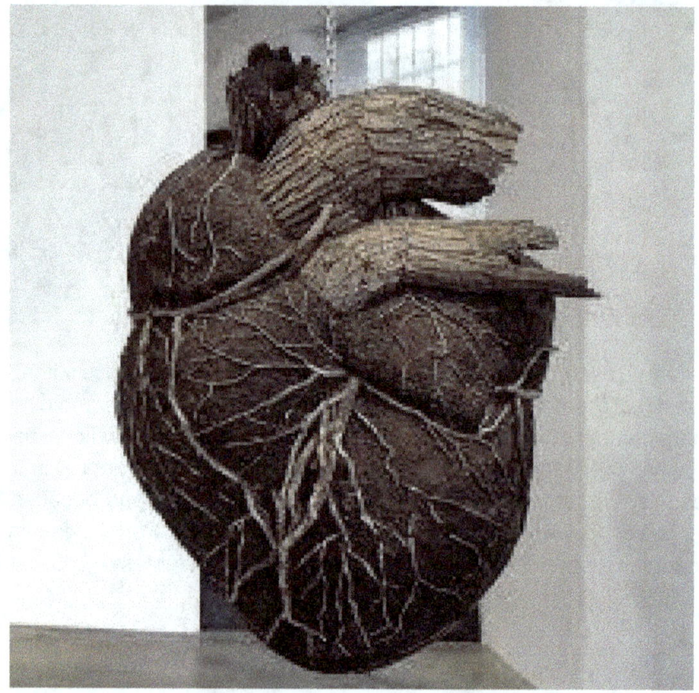

(Moscow, Russia 1963). Studied graphic arts at the Polygraphic Institut in Moscow. As a sculptor, he uses fragile and ephemeral live material to show a form of violence that he detects in the contemporary world. His sculptures are made of wood, fruits and vegetables, meat or wool. With humour and poetry, sometimes with brutality, Dimitri Tsykalov questions about the needs of our consumer society-reproducing with wood a set of «technological» objects; about the fragility of the worldwide economy- realizing gigantic credit cards made by grass or frayed wool; or yet about the fugacity of our passage on earth-revisiting the genre of still life or setting scenes wi1th naked warriors waving arms or flags made of raw meat.

Dimitri Tsykalov

(Moscú, Rusia 1963). Estudió artes gráficas en el Instituto Poligráfico de Moscú. Como escultor, utiliza material vivo frágil y efímero para mostrar una forma de violencia que detecta en el mundo contemporáneo. Sus esculturas de él están hechas de madera, frutas y verduras, carne o lana. Con humor y poesía, a veces con brutalidad, Dimitri Tsykalov cuestiona las necesidades de nuestra sociedad de consumo -reproduciendo con madera un conjunto de objetos «tecnológicos»; sobre la fragilidad de la economía mundial-realizando gigantescas tarjetas de crédito hechas con hierba o lana deshilachada; o aún sobre la fugacidad de nuestro paso por la tierra - revisitando el género de la naturaleza muerta o ambientando escenas con guerreros desnudos agitando los brazos o banderas hechas de carne cruda.

Valerio Andrés

(Habana, Cuba 1934 Miami 2021). He graduated from the San Alejandro School of Fine Arts in 1958. He won the Magda Iturrios Prize. He participated in more than numerous group exhibitions, including some abroad. He taught art history, Design, and Artistic Drawing. He is a former member of the Cuban National Union of Writers and Artists. He went into exile in Miami during the Mariel exodus. In Miami he had his first exhibition at the Bacardi Gallery. In 1981, he was awarded the Calle Ocho Festival Painting Prize. He applies a variety of techniques in his works on each canvas or paper in which he uses mixed techniques with acrylics, oils and pencil combined.

Andrés Valerio

(La Habana, Cuba 1934 Miami 2021). Graduado de la Escuela de Bellas Artes de San Alejandro en 1958. Ganó el Premio Magda Iturrios. Participo en más de numerosas exposiciones colectivas, entre ellas algunas en el extranjero. Enseñó historia del arte, Diseño y Dibujo Artístico. Ex miembro de la Unión Nacional de Cuba de Escritores y Artistas. Se exilió en Miami durante el éxodo del Mariel. En Miami tuvo su primera exposición en la Galería Bacardí. En 1981, fue galardonado con el Premio de Pintura del Festival de la Calle Ocho. Aplica una variedad de técnicas en sus obras en cada lienzo o papel en los que utiliza técnicas mixtas con acrílicos, óleos y lápiz combinados.

Valdirio Evelín

(Caracas, Venezuela 1964).Graduated Fine Arts at the Catholic University of America, in Washington. "Enhanced by the lush layers of pigments and carefully applied strokes of color – said Art Historian Carol Damian. Fragments of reality captured in old photos are transformed by paint and crystallized in translucent layers of varnish. Like flowers presses in heirloom albums, these fragments may be fragile petals or frightening fences, inspiring responses that range from the most sensitive and delicate to the fully oppressive".

Evelin Valdirio

(Caracas, Venezuela 1964). Graduada en Bellas Artes en la Universidad Católica de América en Washington DC. Valdirio desarrolla una pintura de fuertes repercusiones emotivas con una compleja simbología relacionada con lo social. La rosa, a veces entrelazada o solitaria, está cargada de luces y resplandores a la manera de una estrella náutica.

Villate Elio

(Pinar Del Rio, Cuba, 1957) Studied art in his native province and graduated from his local art school. His paintings move within a figurative, surreal world in which literature, drama and ingenuity flow into one another in a bizarre reflection on human beings in this particular region of the Planet. The unfettered skill of craftsman, the use of color in a brilliant and tropical fashion, and the molding of forms with light and shadows are characteristics present in this painter's works, which on occasion, liberate themselves from conceptual diatribes to become picturesque, unleashing a sly sense of humor and evolving into popular scenes and characters from "his Havana", the city that breathes life into his works.

Villate Elio

(Pinar Del Río, Cuba, 1957). Estudió en la Escuela de Artes de su provincia natal. Su obra se mueve por un mundo subrreal-figurativo donde las lecturas escondidas, el drama y la ingenuidad confluyen, para en una suerte de extraña convivencia reflexionar sobre el ser humano de esta zona del planeta. El depurado oficio del artesano, el uso del color de manera brillante y tropical y el modelado de las formas con la luz y sombras son características presentes en las piezas de este artista que en ocasiones se libera de discursos conceptuales para ser pintoresco, soltar su sentido del humor y vertirlos en personajes y escenas populares de "su Habana", una ciudad que vibra dentro de su obra.

Villegas Ricardo

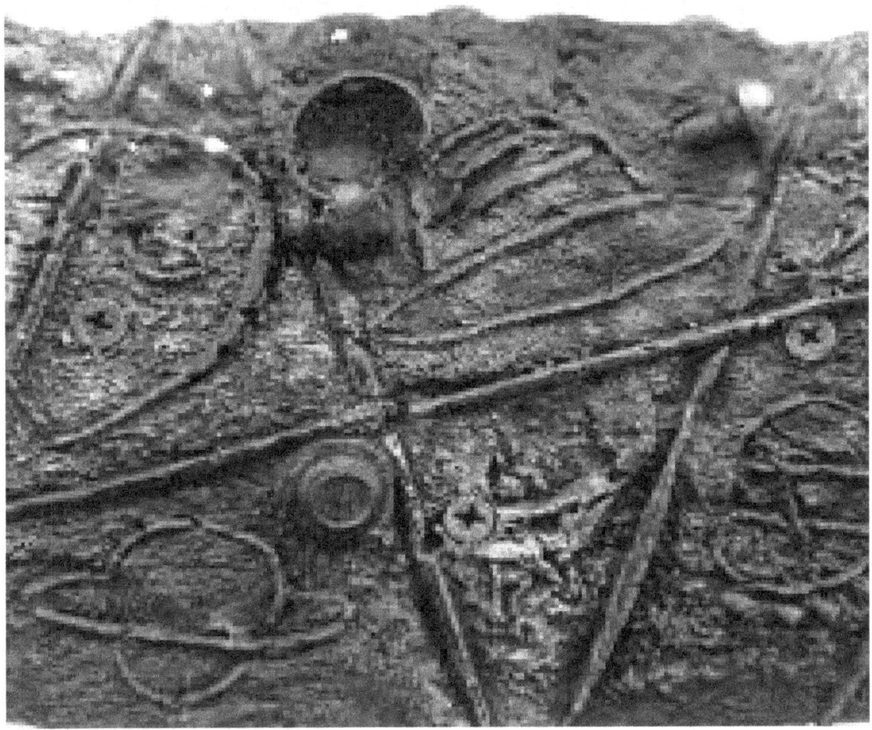

(Bogotá Colombia). Master Franciso Gil Tovar said: "There is something unnerving about his current works in brass: faces with features that evoke portraits but are impaled on pieces of Nature ravished in a strange commingling of esthetics with realisms and texturalisms. Nature seems to cry out something like a potential message in defense of   herself in the shape of gesticulating tree trunks or rocks screaming their pain aloud before man's impassive presence in her midst. In this series."

Ricardo Villegas

(Bogotá Colombia) Sobre su obra el maestro Francisco Gil Tovar dice: "Hay algo inquietante en los bronces de la actual etapa del trabajo de Ricardo. Rostros con personalidad que nos pueden hacer pensar en la existencia de un retrato, se incrustan en trozos de naturaleza violentada, en una extraña relación en la que en lo estético, juegan realismos y texturalismos. Hay en todo ello, en cuanto a lo temático, una especie de clamor de la vida natural y si se quiere, un potencial mensaje a favor de ella que es la que en forma de gesticulantes troncos de árbol o de rocas parece gritar su dolor en contraste con la impasible presencia del hombre en su seno.

Vidal Francisco

(Barranquilla, Colombia 1946) Education:1961/1963: Facultad de Bellas Artes – Universidad del Atlántico (Painting and visual arts) – Barranquilla, Colombia. 1969/1971. **Awarded b**y : Mid Atlantic Arts Foundation – Suite 401 201 North Charles street – Baltimore MD, United States. Awarded by : NEA National Endowment for the Arts – 1100 Pennsylvania Avenue NW – Washington DC, United States. 1983-1985 : Jerome Foundation Arts Fellowship , Lithography and printmaking workshop – New York NY, United States. Awarded by : Jerome Foundation – 125 Park Square Court 400 Sibley Street – Saint Paul MN, United States

Vidal Francisco

(Barranquilla, Colombia 1946). De1961 a 1963 estudió en la Facultad de Bellas Artes – Universidad del Atlántico (Pintura y artes visuales) – Barranquilla, Colombia. 1969/1971. Otorgado por: Mid Atlantic Arts Foundation – Suite 401 201 North Charles street – Baltimore MD, Estados Unidos. Otorgado por: NEA National Endowment for the Arts – 1100 Pennsylvania Avenue NW – Washington DC, Estados Unidos. 1983-1985 : Jerome Foundation Arts Fellowship, Taller de litografía y grabado – Nueva York NY, Estados Unidos. Otorgado por : Jerome Foundation – 125 Park Square Court 400 Sibley Street – Saint Paul MN, Estados Unidos

Valdez Erustes Eliseo

(Havana, Cuba). Sculptor and painter. Devoted to the perfection of the work and the exquisite finish. Knowledgeable about materials and how to assemble them to increase their expressive capacity. He studied at the San Alejandro Academy of Fine Arts, graduating in 1977. He also studied sculpture at the Instituto Superior de Arte (ISA) in Cuba. He has large-format scu lptural works that have been placed in Cuban cities, as well as in Japan, Spain and Venezuela. From 1995 to 1998 he was a member of the Taller de Artes Plásticas Ruckelshausen S.A. of the BILDERT WELT gallery, Hamburg, Germany and in the years 1985 to 1988 he worked as a specialist of the Cultural Property Fund. His works are in private collections in different countries: United States of North America, Austria, Spain, Mexico, Japan, Jamaica and Turkey.

Valdez Erustes Eliseo

(Habana, Cuba). Escultor y pintor. Devoto a la perfección de la obra y la terminación exquisita. Conocedor de los materiales y la forma de ensamblarlos para aumentar su capacidad expresiva. Estudió en la Academia de Bellas Artes San Alejandro, graduándose en 1977. También estudió escultura en el Instituto Superior de Arte (ISA) de Cuba. Posee obras escultóricas de gran formato que han sido emplazadas en las ciudades cubanas, así como en Japón, España y Venezuela. De 1995 a 1998 fue integrante del Taller de Artes Plásticas Ruckelshausen S.A. de la galería BILDERT WELT, Hamburgo, Alemania y en los años 1985 a 1988 ejerció como especialista del Fondo de Bienes Culturales. Obras suyas se encuentran en colecciones particulares en diferentes países: Estados Unidos de Norte América, Austria, España, México, Japón, Jamaica y Turquía.

INDEX BY ARTISTS NAME
INDICE POR NOMBRE DEL ARTISTA

ART EXPOS

INTERNATIONAL ART EXPOS
Art Miami – Art America
Winter Expo – Art Asia
3725 S.E. Ocean Blvd. Suite 201
Stuart, Fl. 34996
Ph. (561) 220 2690 Fax (561) 220 3180
ART EXPO NEW YOK
Ph. 1-800-331 5706
ART SAN FRANCISCO
Ph. (440) 891 2716
ART PACIFIC ASIA N. YORK
Ph. (310) 455 2886
ART SINGAPORE
Ph. (121) 354 5805
ART BRUSSELS
Ph. 011 32 02 474 84 28
ART CHICAGO
Ph. (312) 587 3300
ART VANCOUVER
Ph. (604) 990 0806
ART SANTAFE
Ph (213) 937 5525
MIRARTE
Cl. 72 # 8-21
Santafè de Bogotà, Colombia
Ph. 255 5225

U.S.A. ART MUSEUMS BY CITY

BALTIMORE
Baltimore Museum of Art
Art Museum Drive
Baltimore, Maryland 21218
Tel (410) 396-6363
Fax (410) 396-7153
http://www.artbma.org/
BOSTON
Boston Institute of Contemporary Art
955 Boylston Street
Boston, Massachusetts 02115
Tel (617) 266-5152
Fax (617) 266-4021
http://www.icaboston.org/
BOCA RATON
Boca Raton Museum of Art
801 West Palmetto Park Road
Boca Raton Fl 33486
(561) 392-2500 Fax (561) 391-6410
http://www.bocamuseum.org
Children's Museum of Boca Raton
498 Crawford Blvd.
Boca Raton Fl 33432
(561) 368-6875 Fax (561) 395-7764
CORAL SPRING
Coral Springs Museum of Art
2855 Coral Springs Dr
Coral Springs Fl
Schacknow Museum of Fine Arts
2855 Coral Springs Drive , Coral Springs Fl
Phone (954) 340-4200
Coral Springs Museum of Art
2855 Coral Springs Drive
Coral Springs Fl 33065
(954) 340-4200 Fax (954) 346-1266
CAMBRIDGE
Harvard University Art Museums

32 Quincy Street
Cambridge, Massachusetts, 02138
Tel (617) 495-9400
http://www.artmuseums.harvard.edu
CICINNATI
<u>Cincinnati Art Museum</u>
953 Eden Park Drive
Cincinnati, Ohio 45202-1596
Tel (513) 721-5204
Fax (513) 721-6716
http://www.cincinnatiartmuseum.org
CLEVELAND
<u>Cleveland Museum of Art</u>
11150 East Boulevard
Cleveland, Ohio 44106-1797
Tel (216) 421-7340
Fax (216) 421-0411
http://www.clemusart.com/
CONNETICUT
<u>Aldrich Museum of Art</u>
258 Main Street
Ridgefield, Connecticut 06877
Tel 203-438-4519
Fax: 203-438-0198
http://www.aldrichart.org/
E-mail: general@aldrichart.org
COLUMBUS
<u>Columbus Museum of Art</u>
480 E. Broad Street
Columbus
Ohio, 43215
Tel 614.221.6801
Fax 614.221.0226
http://www.columbusart.mus.oh.us
DALLAS
<u>Dallas Museum of Art</u>
1717 North Harwood
Dallas, Texas, 75201
Tel 214-922-1200

http://www.dm-art.org/
DENVER
<u>Denver Art Museum</u>
100 West 14th Avenue Parkway
Denver, Colorado, 80204
Tel 303-640-4433
http://www.denverartmuseum.org
DAVIE
<u>Broward Community College Gallery</u>
3501 SW Davie Road
Davie Fl 33314
(954) 475-6517
<u>Young at Art Children's Museum</u>
11584 W. State Road 84
Davie, FL 33325
(954) 424-0085
Fax (954) 370-5057
DELRAY Beach
<u>Cornell Museum of Art and History</u>
51 North Swinton Ave.
Delray Beach Fl 33444
(561) 243-7198 Fax (561) 243-7018
EL PASO
<u>El Paso Museum of Art</u>
1211 Montana Avenue
El Paso, Texas, 79902
Tel (915) 541-4040
Fax (915) 533-5688
Public Relations
http://www.elpasoartmuseum.org/
FORT LAUDERDALE
<u>Art Institute of Fort Lauderdale</u>
Mark K. Wheeler Gallery
1799 SE 17th St.
Fort Lauderdale Fl
(954) 463-3000, ext. 406
<u>Museum of Art</u>
One E. Las Olas Blvd.

Fort Lauderdale Fl 33301
(954) 525-5500
http:// www.museumofart.org
HOUSTON
Contemporary Arts Museum, Houston
5216 Montrose
Houston, Texas
Telephone: (713) 284-8250
http://www.camh.org/index2.html
HOLLYWOOD Florida
 Art and Culture Center of Hollywood
1650 Harrison St.
Holliwood, Fl 33020
(954) 921-3274
http://www.simard@downtownhollywood.com
LAKE WORTH
Hibel Museum of Art
701 Lake Avenue
Lake Worth Fl 33460
(561) 833-6870 Fax (561) 533-0174
http://www.hibel.com
Museum of Contemporary Art
601 Lake Avenue
Lake Worth Fl 33460
(561) 582-0006 Fax: 561) 582-0504
Admlssions: $2.00
LOS ANGELES
Museum of Contemporary Art
250 South Grand Avenue
Los Angeles, California
Tel 213/621-2766
Fax 213/620-8674
http://www.moca-la.org/
MIAMI
Atrium Gallery
St. Thomas University
16400 NW 32nd Ave.
Miami. Fl
(305) 628-6570.
Barry University Library Art Gallery

11300 NE Second Ave.
Miami, Fl
(305) 899-3000.
<u>New World School of the Arts Gallery</u>
24 NE Second St.
Miami Fl
(305) 237-3501
<u>Vizcaya Museum Gardens and Art</u>
3251 S. Miami Avenue
Miami Fl
(305) 250-9133
MIAMI BEACH
<u>Wolfsonian FIU Art Museum</u>
1001 Washington Ave
Miami Beach, Fl
(305) 531 1001
http:// www.wolfsonian.org
NEW YORK
<u>American Craft Museum</u>
40 W. 53rd St.
New York, NY 10019 •
(212) 956-3535
http://www.fieldtrip.com/ny/29563535.htm
<u>Bronx Museum of the Arts</u>
1040 Grand Concourse
Bronx, NY 10456 - 3999
(718) 681 6000
http://www.fieldtrip.com/ny/86816000.htm
<u>Brooklyn Museum of the Art</u>
200 Esatern Parkway
Brooklyn, NY 11238
718 638 5000
http://www.brooklynart.org/
<u>The Katonah Museum of Art</u>
Route 22 at Jay Street
Katonah, New York 10536
(914) 232-9555
http://www.katonah-museum.org/
<u>The Metropolitan Museum of Art</u>
1000 Fifth Avenue at 82nd Street

New York, New York 10028-0198
General Information: 212-535-7710
http://www.metmuseum.org/home.asp
<u>Museum of Museum of Modern Art</u>
11 West 53rd Street
btw. 5th and 6th Avenue
New York City, New York 10019
(212) 708-9400
http://www.moma.org/
<u>Guggenheim Museum</u>
1071 Fifth Avenue at 89th Street
New York City, New York 10012
(212) 423-3500
http://www.guggenheim.org/new_york_index.html
<u>The Whitney Museum of American Art</u>
945 Madison Ave. (at 75th Street)
New York, New York 10021
(212) 570-3676
http://www.whitney.org/
<u>El Museo del Barrio</u>
1230 Fifth Avenue at 104th Street
New York N.Y. 10029
(212) 831-7272
Website http://www.elmuseo.org/
<u>The Museum of the City of New York</u>
1220 Fifth Avenue at 103rd Street
New York City, New York 10029
(212) 534-1672
http://www.mcny.org
<u>Jewish Museum</u>
1109 Fifth Ave (at 92nd St)
New York City, New York 10128
(212) 423-3200
http://www.jewishmuseum.org
<u>National Academy Museum</u>
<u>and School of Fine Arts</u>
1083 5th Avenue and 89th Street
New York, NY 10128
(212) 369-4880
http://nationalacademy.org/

The Children's Museum of the Arts
182 Lafayette Street
New York N.Y
Btwn Broome and Grand St.
(212) 941-9198
http://www.children.museum.of.the.arts.html
Whitney Museum at Philip Morris
Address & Phone
120 Park Ave. (@ 42nd St.)
New York, New York 10017
(917) 663-2453
http://www.whitney.org/information/branches.html
The Hispanic Society of America
613 W. 155th St. (@ Broadway)
New York, NY 10032
Phone:(212) 926-2234
Fax: (212) 690-0743
International Center of Photography
1130 Fifth Avenue (at 94th St.)
New York, NY 10128
(212) 860 1777
Website http://www.icp.org
Museum for African Art
593 Broadway
btw Houston and Prince
New York City, New York 10012
(212) 966-1313
(212) 966-1432 Fax
www.africanart.org
New Museum of Contemporary Art
583 Broadway
Bet. Houston and Prince Streets
New York, NY 10012
Telephone (212) 219-1222
Fax (212) 431-5328
Website at www.newmuseum.org
Email newmu@newmuseum.org
P.S. 1 Contemporary Art Center
22-25 Jackson Ave.
Long Island City, NY 11101-5324

(718) 784-2084
<u>Queens Museum of Art</u>
New York City Building
Flushing Meadows Corona Park
Queens, NY 11368-3398
(718) 592-9700
Website at http://www.queensmuse.org/
<u>The Studio Museum in Harlem</u>
144 West 125th Street
btw. Lenox & 7th Ave
(212) 864-4500
Website http://www.studiomuseuminharlem.org/

Whitney Museum at Philip Morris
120 Park Ave. (@ 42nd St.)
New York, New York 10017
(917) 663-2453
http://www.whitney.org/information/branches.html
NORFOLK
<u>Chrysler Museum of Art</u>
245 West Olney Road
Norfolk, Virginia, 23510-1587
Tel (757) 664-6200
Fax (757) 664-6201
http://www.chrysler.org
PEMBROKE PINES
<u>Art Gallery BCC South Campus</u>
Broward Community College
7200 Pines Blvd.
Pembroke Pines Fl
(954) 963-8969
<u>SAN FRANCISCO</u>
<u>San Francisco Museum of Modern Art</u>
151 Third St
San Francisco, Ca 94103
Tel 357 4000
TUCSON
<u>Center for Creative Photography</u>
The University of Arizona
P.O. Box 210103

1030 North Olive Road
Tucson, Arizona, 85721-0103
Tel 520-621-7968
Fax 520-621-9444
http://dizzy.library.arizona.edu/branches/ccp/
WEST PALM BEACH
<u>Armory Art Center</u>
1703 South Lake Avenue
West Palm Beach Fl 33401
(561) 832-1776
Fax (561) 832-0191
htt://www.armoryart.org
<u>Norton Museum of Art</u>
1451 S. Olive Ave.
West Palm Beach Fl 33401
(561) 832-5196
<u>Society of the Four Arts</u>
2 Four Arts Plaza
Palm Beach Fl 33480
(561) 655-7227 Fax (561) 655-7233
www. fourarts.org
<u>Cornell Fine Arts Museums</u>
Rollins College
1000 Holt Ave
Winter Park, Fl 32789
(407) 646 2526
http:// www.rollins.edu/cfam

Antes de Comprar Consulta
MANUAL DE ARTISTAS
CONTEMPORANEOS

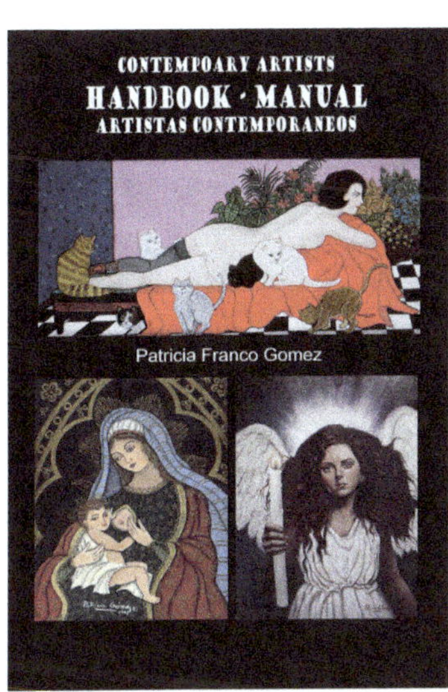

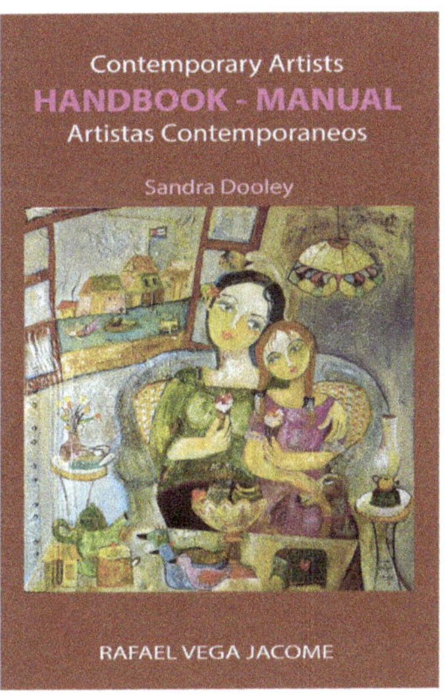

Agentes y Galeristas

INCLUYA EL NOMBRE DE SUS ARTISTAS
EN NUESTRA PROXIMA EDICION
Asi ofreceremos a nuestros lectores
una vision mas amplia del
ARTE CONTEMPORANEO

Informe: brighterbookpublishing@gmail.com

FECHA DE CIERRE: 10/10/2022

Dear Readers and artists:

As you, thousands of artists, art lovers and art collectors read this book officially launched in early Art Miami 2010. This is a Biographical and Critic Manual that offers to artists the opportunity to exhibit their works among our readers, the most important art collectors, gallery owners, dealers, universities, museums, plastic arts research centers, large corporations, government offices, top executives and people connected to the arts. Presently we are preparing the First editions of 2022

We invite you to reserve your space in advance contacting us by phone or email.

(786) 469 06 04